おカネが変われば世界が変わる

市民が創るNPOバンク

田中 優 編著

コモンズ

はじめに――おカネをコントロールしよう

サブプライム問題やアメリカの大手証券会社リーマン・ブラザーズの倒産などをきっかけに、二〇〇八年一〇月、ついに世界経済の底が抜けた。「住宅バブルだった」という人も多い。欧米とアジアの通貨が暴落し、株価も奈落に落ちた。

アメリカは世界中からおカネを集めて金融機関の救済に動いたものの、莫大な借金をかかえてドル信認の危機（基軸通貨であるドルの信用が揺らぎ、世界経済が不安定になること）を招き、証券や国際金融関係の友人たちは「えらいこっちゃ」と騒いでいる。しかし、ローカルな金融である信用金庫などはふだんどおりの仕事をしているし、生活にもいまのところ、あまり影響は現れていない。この差はいったい何なのだろうか。

世界経済のバケツに穴が空いた今回、イメージできたことがある。経済とはおカネの循環で、その範囲が小さければ影響を受ける余地が少なくてすむということだ。たぶん、交換のためのメジャーとして使うだけのおカネと、貯め込んで膨らますためのおカネとの違いだろう。そうであるなら、メジャーの範囲でしか使わないおカネを増やして、貯め込んで膨らますおカネを減らしたらどうだろう。この二つを同じおカネとして考えることに、問題があったのではないだろうか。

ＮＰＯバンクは市民が勝手につくる、市民のためのバンクだ。これまではほんの少しのＮＰＯバンクしか存在しかなかった。しかし、いまではほぼ全国でつくられようとしている。新たな経済をつくる仕組みとして、必要とされてきている証だろう。その多くは環境保全や市民事業の支援を目的としているが、それだけではない。自分たちの地域経済をつくるための仕組みなのだ。だから、思い描く未来もそれぞれに異なっている。この多様性が、ＮＰＯバンクの特徴でもある。

たとえば、自分が住む地域の商店街が衰退しそうで心配だから、ＮＰＯバンクをつくるのでもいいし、それぞれの農家が食べていける仕組みをつくるためだっていい。ＮＰＯバンクは、市民自ら社会・経済にかかわっていこうとするためのインフラになりうるということだ。

インフラだから、プレーヤーがいなければ成り立たない。私が始めた「未来バンク事業組合」では、一九九四年の設立から、出資額の増加と融資希望額の増加がほぼパラレルに動いてきた。つまりその時期に、日本社会にインフラとプレーヤーが平行して育ちつつあったということだろう。いよいよ、それが日本各地に必要とされる時代になってきた。ＮＰＯバンクの仲間たちでつくった「全国ＮＰＯバンク連絡会」にも、問い合わせが増えている。

「ＮＰＯバンクって、いったい何なの」という問い合わせがあったとき、名刺のように出せる本がほしい。それが、この本をまとめた動機だ。実際に書いてみると、NPOバンク自体が多種多様で、簡単にひとくくりにはできなかった。しかし、それがNPOバンクを形づくる特徴ではないだろうか。「非営利、公益・共益」だけは同じだが、運営も対象もそれぞれに異なっている。私には、そのこと自体が誇らしい。服に合わせて体をつくったのではなく、各バンクは必要性からつくり始め、自分たちのニーズに合わせて服を縫製したのだから。

未来バンクを始めたとき、バングラデシュにあるグラミンバンクの創始者モハメド・ユヌス博士からお祝い文をいただいた。ここで紹介したい。

「現在の銀行体制の基礎的な流れの変革を意図した未来バンクの船出を聞き、私はたいへんうれしく思っています。既存の銀行システムは担保を基本にして、それを用意できない人びとを拒絶しています。しかし、彼らこそもっともおカネを必要としているのです。まさに銀行が貧しい人びとにおカネを貸さないために、一〇億人を超える人びとが飢餓と貧困、そして病気と苦しみのなかで打ち捨てられているのです。毎年、この星の上でたくさんの貧しい人びとが増え続けています。これは、彼らが銀行システムから見捨てられた経済環境にいるために起きているのです。

グラミンバンクのような支援機関が貧しい女性におカネを貸すことによって、どれほど彼女たちを貧困から脱却させられることでしょう。実績がそれを証明しています。グラミンバンクの貸出支出額はちょうど一〇億ドルに達しました。現在、二〇〇万人に貸し出されており、その九四％が女性です。返済率は九八％を超えています。九四年中に、小額のローンだけで五億ドル近くを支出するでしょう。

私たちは、未来バンクの船出を心から祝いたいと思います。私は飢餓と貧困から解放された世界を創造するため、皆さんと共に働いていけることを楽しみにしています。私たちはそれができます。私たちが意志をもつならば、それはすぐに実現できるのです。

心をこめて。グラミンバンクより。

一九九四年

モハメド・ユヌス」

このメッセージは未来バンクの旗揚げ集会で発表されたが、そのときにはまさかユヌス氏が二〇〇六年にノーベル平和賞をもらうとは誰も想像していなかった。ユヌス氏の活動もNPOバンク同様に、とてもマイナーな非常識な取り組みだったからだ。しかも、バングラデシュの政府も財界も、誰も歓迎しなかった。それがいまや「マイクロクレジット運動」として世界中に展開されている。

NPOバンクのような「自分たちの経済をつくろうとする動き」は、今後も発展するだろう。安定して暮らしたいというのは人びとに共通する想いだし、それは経済の安定なくして実現できないからだ。そのためには、おカネが「貯め込んで膨らますためのおカネ」から、「交換のためのメジャーとして使うだけのおカネ」に変わる必要があると思う。

人びとは言う。「社会を自分たちでつくるなんて無理」「自分の食い扶持を自分でつくるなんてできない」と。でも、こうして考えると気楽になれるかもしれない。

ここに収入の一割を飲んでしまう大酒飲みが一〇人いたとしよう。だったら、一〇人でいっしょに一軒の飲み屋をつくって、毎回そこで飲むことにしよう。一割が一〇人だから、一人が食べられることになる。自分たちの経済をつくるというのは、自分たちのなかでおカネを回すことなのだ。生活に必要になる品物の多くを、非営利で公益・共益の事業からまかなえるようになったら、私たちの生活はずっと安心できるものになるだろう。

おカネは私たちの生活や行動を規定している。しかし、私たちは、おカネをコントロールできるはずだ。だから私は、NPOバンクをつくるのは市民の権利だと考えている。社会に参加するのは、企業や行政だけの特権ではないのだから。

おカネを変えることで、社会の形は変わるし、私たちの社会へのかかわり方も変わり始める。市民のもつ当たり前の権利として、NPOバンクをここから一歩ずつ進めていきたい。

おカネが変われば世界が変わる●もくじ

第5章　おカネが変われば世界が変わる　179

装丁●クローゼット

第1章

おカネの奴隷からの解放

あなたは、自分のおカネがどこにどう使われているのか、考えてみたことがあるだろうか。おカネは、銀行の金庫の中に寝かしていれば勝手に増えるものではない。いまのおカネは、貨幣の形すらしていない。パソコンに向かって投資資金を動かしている人たちの使っているおカネは、電子信号でしかない。私たち人間が生み出した便利なおカネが、いまや人びとを働かせ、こき使っているのだ。「おカネが儲かればそれでいい」「おカネのためなら何でもする」というとき、人がおカネを使っているのではなくて、人がおカネの奴隷になってしまっている。

この春、大学を卒業して就職した子どもが卒業間際、矢継ぎ早に海外旅行に出かけていた。まるで、今後は楽しみが一切なくなるみたいに。「仕事をすることはおカネのためだ」と多くの人びとは割り切っている。割り切らなければやっていられないような現実に直面しながら。でも、仕事が自己実現にならないとしたら、何と虚しい人生なのだろう。人が人生のなかで、もっとも活性化する時代を捧げるというのに。

おカネから自由になるために、おカネを考えたい。どうしたらおカネから自由になれるのか、どうすればおカネをコントロールできるのか、と。そもそも、おカネのために人生があるわけじゃない。人生のためにおカネがあるのだ。主客逆転させないための仕組みが求められている。

1　ＮＰＯバンクとは何か

1　おカネとつきあう

長年おカネにあまり縁のなかった私だが、結婚して少し余裕ができたとき、おカネの運用について書かれた本を読んだ。そこには、どこにどうおカネを預けるといくらの金利が生まれ、そのまま運用せずにいるとどれだけ差が出るかが書いてあった。まるで、おカネを運用しない者はバカみたいな書き方である。それを読んだとき、私は自分がバカに思えた。おカネをただ漫然と持っていただけなのだから。そこで、わずかな貯金を「中期国債ファンド」に預け変え、残りを郵便貯金にした。

その後、環境問題や貧困問題のＮＧＯ活動にかかわるようになる。そこで当時、発足したばかりの「国際ボランティア貯金」に一部を移した。郵便局から訪ねてくる職員は人柄がよく、私の名前をすぐに覚えて、いろいろ世話をしてくれた。重いかばんを抱えて世話してくれる郵便局員に、とても親近感を覚えたものだ。ところが、そのイメージが逆転してしまう。

私は原発問題から環境運動の世界に入った。そのころ、インドネシアに日本が原発を輸出するかもしれないという問題が湧き起こる。当時のインドネシアは軍事政権で、優秀な科学者の多くが軍事関係に勤めていた。そこに関西電力の関連会社であるニュージェックが実行可能性調査を実施し、日本の政府開発援助（ＯＤＡ）を使って強引に原発を輸出しようとしたのだ。

ＯＤＡのおカネを原発輸出に使うことは、世界で例がなかった。禁止規定があるわけではないが、慣例として使われていなかったのだ。当時、「金貸しＯＤＡ」を扱っていたＯＥＣＦ（海外経済協力基金）は申請を断り、代わりに日本輸出入銀行を紹介した。この二つの機関は、現在では合併してＪＢＩＣ（国際協力銀行）になっているが、当時は援助を行うＯＥＣＦと、ビジネスベースで国際的な融資をする日本輸出入銀行とは、まったく違う性質の組織であった。

結局、日本輸出入銀行は、地震が多発するインドネシアのジャワ島に予定されていたムリヤ原発（現在も計画は進行中）の調査費用を融資した。そのとき、気になる一言を誰かから聞いたのだ。「私たちの郵便貯金のおカネなのに」と。

2　もぐらたたきゲームは続かない

それは私にとって、とても気にかかる言葉だった。おカネのことなど何も考えていなかった私が、少しは金利を稼ぐことに考えが及ぶようになり、預け変えした郵便貯金（以下、「郵貯」と略す）が、私自身が反対する事業に使われているのだ。気にかかった私は、郵貯が何に使われてきたのかを調べ始めた。それはまさに「本丸」だった。

ムリヤ原発に融資する日本輸出入銀行の資金は、財政投融資から出されている。この財投の資金に使われているのは、郵貯・簡易保険・基礎年金だ。融資する日本輸出入銀行は、国連決議に基づく禁輸措置の網をくぐり、ナミビア産ウランをフランス経由で南アフリカから輸入する資金を提供していた。しかも、当時の南アフリカはアパルトヘイト（黒人隔離）政策によって黒人を著しく差別し、ナミビアを勝手に支配していた。郵貯は原子力だけでなく、アパルトヘイトという人権侵害にも関係していたのだ。

さらには、貧しい国々の人たちをさらに貧しくする、ＯＥＣＦが実施する「有償援助（おカネを貸し付ける援助）」の資金源も、同じ財政投融資だった。

日本の有償援助は毎年、援助が必要な国に対して届ける額よりも返済させている金額のほうが多い。たとえば二〇〇六年度は、四四カ国に対して一九億ドルを届け、四〇・七億ドルを返済させている。「援助」という言葉は、貧しい途上国からカネを取り立てることを意味しているのだ。これを「援助」と呼ぶのであれば、サラ金も「援助機関」と呼ぶことになってしまう。サラ金を「援助」と呼ばないのであれば、日本政府の行なっていることを「援助」と呼ぶべきではないだろう。

しかも、この郵貯などの資金は、日本国内で進むムダなダム開発やリゾート開発、原子力発電所や使用済み核燃料の再処理工場、高速道路やスーパー林道、空港などの建設にも提供されていた。つまり、私たちの貯金が元手となって環境破壊や人権侵害が進められていたのだ。

ということは、私がそれらの問題に反対しながら郵貯を続けていたとすると、「もぐらたたきゲーム」をしているのと同じになる。私たちは個別の環境破壊に反対している。万一、建設を止められたとしよう。しかし、その予算の資金は郵貯などから潤沢に提供されたままだ。すると予算消化のために、次順位のプランが成り立つことになる。反対運動すらできないような過疎地が選ばれるかもしれないし、より環境への悪影響が懸念される場所になるかもしれない。資金がある以上、実行に向かうだろう。

すると、私たちは再びそれに反対運動することになる。もぐらたたきゲームのように、ずっとたたき続ける運動をさせられるのだ。もちろん消耗するし、手弁当の資金だって底をつく。だが、そのゲーム機にコインを投入し続けているのは、反対している自分自身なのだ。

預金はどこかの金庫に貯められているものではない。貯めただけでは金利を稼げないのだから、必ずすぐに融資される。融資を受ければ、すぐに事業を開始する。そうしなければ、金利ばかりがかさんでしまうからだ。

こうして、私たちの元に金利が届けられていたのだ。金利は、私たちが預金を「あなたの好きなように使ってくれ」と、金融機関に白紙委任状をつけたおかげで届く。それは中立な行為ではない。「金利さえくれれば何をしてもかまわない」と意思表示したのと同じなのだ。したがって、私たちの未来は私たちが考えたり祈ったりしているようにはならない。私たちがどこに白紙委任状を渡したかによって、現実の未来が変わってくる。

3　金融と環境のかかわりを調べる

この自分たちの貯金そのものの問題点を原点に、私たちは一九九三年、「金融と環境の研究会」を当時のもっともメジャーなNGOのひとつ「市民フォーラム2001」のなかに組織した。おカネと環境・人権のかかわりを調べ、どんな解決策があるのか研究したのだ。そこで調べたことは、現時点で論議される具体的なアイデアをほぼ網羅している。地域通貨、社会的責任投資、マイクロクレジット、エコバンク……。そこから九四年につくり出したのが「未来バンク」だった。

経済社会の潤滑油と呼ばれるとおり、おカネはすべての人びとが関係し、多くの人びとにとって命の次に大事なものだ。そのおカネの仕組みを変えれば、実際に多くのことが変えられる。

その方法を世界各地の市民はそれぞれに模索していた。研究会で調べた内容の概観をここで紹介してみよう。

インフレ下で効果を発揮する地域通貨

地域通貨はインフレの激しい国で、自然発生的に生まれていた。インフレが激しければ、通貨の価値は下がり、物価は上昇する。つまり、おカネを持っていると損をし、モノの価値が上がるのだ。そうした社会では、貯蓄は得にならない。一年後に同じ価値のものを買えないからだ。逆にモノの価値は上がるから、モノで持っておくほうが有利になる。

実際、訪れたブラジルでは、人びとはタンスや衣類を買って貯蓄の代わりにしていた。初日にブラジル通貨に両替した私は、「おカネを持っていると損する」とさんざん注意されたものだ。そのとおり、帰路につく三週間後、私のおカネの価値は四分の三に目減りしていた。

こうした国では地域通貨が発達する。モノを持っておいて交換や売り買いするのもいいが、運ぶのが大変だし、傷がついて売り物にならなくなるかもしれない。それを防ぐために、互いに信頼関係のある者同士が、借り入れの証文を発行する仕組みが地域通貨だ。

たとえば、キャベツを一個受け取ったとしよう。それに対して、国家の通貨で支払うのではなく、キャベツ一個券を相手に渡す。相手は必要になったときに、本人に対してキャベツ一個券を差し出してキャベツ一個を受け取る。通貨の価値が暴落するから、現金ならすぐにキャベツ一個を買えなくなってしまうだろう。しかし、この証文なら、必ず相手はキャベツ一個を返さなければならない。すると価値が落ちない。

けれども、必要なのはキャベツばかりではない。キャベツ券を大根券と交換できたほうがいい。もっともっと多様な交換が可能になる券こそが地域通貨となるのだ。いずれにせよ、始まりは互いの信用にある。それが崩れるなら、地域通貨は成立しない。

私たちはこうしたことを調べた結果、当時の日本がデフレ状況にあるため地域通貨は成り立ちにくいという結論に至った。

エコロジー関連に融資されていなかったエコバンク

エコバンクはとくにヨーロッパ各国で人気があり、多額の資金を集めていた。環境に関するビジネスに対する投資を促進し、市場化できるという意味で、経済の流れを変えていく可能性がある。そこで各国での実態を調べていったが、結果は意外なものだった。エコバンクに集められた資金のなかで、エコロジー関連に融資されているのは全体の一割程度にすぎなかったのだ。残りの九割は、もっとも安全な投資として国債の購入などに流れていた。

これでは財政投融資と変わらない。エコロジーを謳いながら、その実、核実験や戦費にカネが流れてしまう。事情はこういうことだ。

まず、エコロジーの定義にいろいろな意見があり、たとえば太陽光発電は環境にいいのかどうかで異論が出て、融資ができなかった。また、融資対象となるエコロジーの市場自体が成立していないのに、多額の資金が集まっていたのだ。私たちはここから、環境ビジネスだけでは資金需要が十分ではないと思うようになった。

ただし、その後は風力発電の発電単価がしだいに低下し、ついには他の化石燃料による発電単価を下回る。すると、環境的な価値を考慮しなくても融資が成り立つようになり、一般的なビジネスとして個別の環境事業に対してファンドを募集する形が始まっていった。それについては後で述べる。

マイクロクレジットの光と影

バングラデシュのグラミンバンクに始まるマイクロクレジットも、とても重要な試みだ。貧しい人たちからの資金で、貧しい人たちだけに融資し、実施された地域では明らかに生活レベルが向上した。

驚くのはその規模と返済率だ。一九八〇年ごろに始まったというのに、九〇年にはバングラデシュ最大の銀行となっている。返済率も他の銀行が二割と低迷するなか、実に九九%という驚異的な数字だ。しかも、融資対象のほぼすべてが女性で、一件あたりの平均貸出額は八〇〇円程度と慎ましい。この成功によって、主宰者であるモハメド・ユヌス博士はノーベル平和賞を受賞している。

しかし、マイクロクレジットにも問題は生じていた。多重債務者が発生していたのだ。援助関連が最大産業と言われるバングラデシュでは、グラミンバンクの成功で「マイクロクレジットをやる」と言えば資金が集めやすい環境になり、マイクロクレジットが乱立した。複数のマイクロクレジットが融資した結果、多重債務者が発生し、返済できる見通しのない貧困者が発生したと報告されている。彼らは一つ目の銀行からの借金を、次の銀行からの融資で返済する。それを繰り返していく。誰しもに事業的な才覚があるわけではないから、全員が融資を受けて成功するわけではない。

新たな仕組みを生み出し、多くの人たちに希望を与えたのは間違いない。だが、それも万能ではなかった。

エコバンクの仕組みでは、環境ビジネス以外に貸し出すことができない。ビジネスベースに達すれば従来型の金融機関の対象となるし、そうでない時点ではリスクが大きいうえに十分なニーズがない。一方で私たちはグラミンバンクの活動から、環境ビジネス以外の事業として、「コミュニティビジネスやNPOのような非営利ビジネス」という市場を見つけた。そこではたしかに多重債務者が発生していたが、仮に「顔の見える範囲の融資事業」であれば、その問題は起こりにくいだろう。

グラミンバンクは、バングラデシュにたった一つの巨大バンクとして存在したことに問題があったのではないだろうか。そうではなく、小さな仕組みで各地に存在すべきではないか。私たちは顔の見える関係での小規模な金融の必要性を感じた。

実績もある社会的責任投資

おカネの使い道をコントロールするという点で、もっとも早くから進んできたのが「社会的責任投資」だ。自分の資金を自分の信念に沿わないところに投資しない仕組みで、アメリカで約一〇〇年前の禁酒法時代から行われてきた。いまの「シャリア法(イスラム教による法体系)」に基づくイスラム金融は、「教義に反する豚肉、アルコール、武器、賭博、ポルノなどにかかわっていないこと」を原理としており、まさに社会的責任投資そのものだ。

社会的責任投資は大きな影響を及ぼしてきた。たとえば、南アフリカに新しい自動車工場の設立を予定していたアメリカ企業への投資をカリフォルニア州の年金基金などが止めて、南アフリカ政府に対してアパルトヘイトを止めさせようとした活動がある。人びとをタダ働きさせて過酷な状態に追い詰めたビルマ(ミャンマー)政府に対する一切の投資を禁じたり、進出する企業への投資を止める活動も実行された。おカネを用いて自分の意思を実現しようとする動きそのものが、社会的責任投資と呼べるだろう。

この社会的責任投資は、「スクリーニング（ふるいにかけること）」によって達成される。スクリーニングには、積極的に悪い企業を排斥しようとする「ネガティブ・スクリーニング」と、良い企業を支援する「ポジティブ・スクリーニング」とがある。

実際に大きな影響を与えてきたのは、ネガティブ・スクリーニングだった。カリフォルニア州の年金基金などの行動は大きな効果を上げ、その後のアパルトヘイト政策の廃止につながったとみなされている。それに対して、日興証券（現在は日興コーディアル証券）や野村証券などが開発した社会的責任投資はポジティブ・スクリーニングを軸としているため、各社の選択にあまり違いがない。したがって、それによって企業の行動が変化を受けたようには思われない。

金融機関は資金ニーズに対応して動くので、自らを中立的な存在と規定する場合が多く、資金ニーズをもつ側に責任転嫁しやすい。ネガティブ・スクリーニングでなければ、実効性ある仕組みにするのは困難だろう。

個人の投融資先を変える

個人としても預金先を変えたい。預金先として相対的に問題が少ないものに、非営利金融機関である信用金庫（信金）、信用組合（信組）、労働金庫などがある。ただし、信金・信組には非常に差があり、西武信用金庫（東京都中野区）のようにNPOなどに積極的に融資するところもあれば、営利機関と変わらないところもある。資金運用の部分では、国債や世界銀行債などアメリカの軍事費や世界の貧困問題の原因となっている機関への投資も行われている。金融機関の選択には大きな意義があるが、ベストとはいえない。

とはいえ、金融機関の変化も著しい。みずほコーポレート銀行、三菱東京UFJ銀行、三井住友銀行の三行は、「赤道原則」を採択した。採択すれば、世界銀行の一つである国際金融公社（IFC）の基準に従い、プロジェクトが及ぼす社会的影響や環境リスクを把握し、適切な対策がとられることを確認しなければならない。二〇〇三年六月に赤道直下のインドネシアで締結されたことから、この名で呼ばれる。当初は民間金融機関一〇行が採択したのみだったが、〇七年四月現在では世界各国で五一の民間金融機関が採択している。

しかし、みずほコーポレート銀行が融資を予定するスロバキアのモホフチェ原子力発電所三・四号機は環境影響調査すらしていないのに融資が行われることになっており、実効性に疑問が出ている。赤道原則は、チェックリストとして機能していないようだ。

また、この三銀行は、世界でもっとも民間人への被害が多く、とりわけ多くの子どもを死傷させているクラスター爆弾を製造する、ロッキードやレイセオンなどの軍需企業への融資も行なっている。ちなみに、ベルギー議会はそれらの企業への融資の禁止を決議し、イスラム金融もまた貸すことはできない。せっかくの企業の社会的責任（CSR）も、こうした融資を行うのであれば意味を失う。たとえば、よく企業が社会的責任として宣伝する道路の清掃をしたとしても、一方で世界の子どもを殺していては、社会的責任を全うしたとは言えないだろう。

これに対して近畿労働金庫（近畿地方の二府四県がエリア）は、「金儲けだけの人生なんて、実にくだらん」というテレビコマーシャルを放映し、「儲けない金融機関」をキャッチフレーズとして前面に出し始めた。バングラデシュからグラミンバンクの関係者を招き、「NPOメッセin関西」というイベントも共催している。さらに、地域のNPOと協働した融資も実行している。こうした金融機関の差を見出し、貯蓄先を変えることは、一つの大きな運動になるだろう。

もちろん、社会的に意義の大きな活動をする企業の株の購入や、がんばっている自治体の債券の購入も、投票行動のような効果をもつ。とりわけ、直接エンドユーザーと接しているメーカーへの投資は、意外に大きな効果を生むのではないか。同様に、証券会社を通じて、外国の国債の購入もできる。政策が良いと思う国の国債を購入すれば、その国の政策を応援できる。購入希望者が増えればその国の国債発行金利が下がり、不人気な国の債権と比べて低コストで資金調達できるようになるからだ。

逆に、軍事費を他国からの資金に頼っているアメリカの国債が買われないようになれば、軍事費の調達が困難になる。それによって、世界の半分を占めるアメリカの軍事費を削減できるのではないだろうか。

個人で直接投資する

自然エネルギー市民ファンド（東京都）などは、「市民風車」の運動を進めている。市民の出資を集めて風車を建て、発電した電気を電気事業者に販売して収益を確保し、自然エネルギーを普及しようとする運動だ。自然エネルギーといえども環境への負荷があり、景観や資金の流出など地域に与える影響も大きい。風車は建てればいいわけではなく、地域の人びとの合意の上に成り立つべきものだ。その点で市民風車は、地域の人びとへのリターンを厚くし、地域の合意を得る努力をするなど、市民側に立った運営を心がけている。

個人が自分の意志に基づいた資金の運用をめざすときに、こうした個別の案件での募集は役立つ仕組みと言えるだろう。市民風車のほかにも、太陽光発電やバイオマス利用など複数の仕組みが存在する。

ところが、金融商品取引法などの規制が、こうした営利を目的としない市民の金融にまで介入し、新規参入者の参加を困難にしている。たとえば有価証券を扱う者は、登録、公認会計士の監査、目論見書の作成などが義務づけられる。たしかに「投資家保護」のためには必要な制度であるが、営利を目的としない事業は最初から区別して、規制しなくてもいいはずだ。営利を目的としないのだから、欲に駆られた人びとがだまされることはほとんどないだろう。

本来、市民は自分の意志に基づいて、社会の主体として参加すべきだ。営利事業者が詐欺的商法を繰り広げたために規制する必要が生じたのは事実である。とはいえ、さまざまな審議会で「日本版グラミンバンクを」「社会起業家に融資できる仕組みを」などという提言がされている一方で、実際にはそれらすべてが窒息させられようとしているのだ。

4　NPOバンクの現状

自前でつくるしかない

ここまで見てきたように、さまざまな解決策があり得たが、既存の金融機関に代わるこれらの方法にも、不十分な点があった。エコバンクは環境関連事業だけでは資金ニーズが十分ではなく、マイクロクレジットの小規模事業融資は視点は良いが、顔が見えない関係で融資すれば、多重債務問題が生じてしまう。地域通貨はインフレの社会では役立つが、デフレ状況では経済代替性をもち得る仕組みとはなりにくい。また、社会的責任投資を集めようにも、私たち市民にはそのツールがまったくなかった。

そこで、こうした市民的な融資をする銀行や信用組合をつくれないかと金融機関にアプローチしてみたが、時期が早すぎたせいか相手にされない。結局、自らリスクを背負って市民の非営利バンクとして、私たちは一九九四年四月に未来バンク事業組合（以下、「未来バンク」と略す）を設立した。日本で最初のNPOバンクだ。現在では全国に二桁の数が設立あるいは設立準備中の状態にあり、市民の行う事業に融資を開始したり、しようとしている。

一般によく「市民バンク」と呼ばれるが、これを商標登録している団体があるため、私たちは「NPOバンク」と名乗っている。この名称は「北海道NPOバンク」が設立された後、彼らが「全国NPOバンクフォーラム」を開催し、そのまま一般名称と化したものだ。NPOバンクはNPO法人ではないし、NPOにだけ融資するものでもないが、そう呼ばれている。

いわゆる銀行ではない

まず誤解を解いておきたいのだが、NPOバンクは一般の銀行ではない。銀行法が認める銀行以外は「元本」の保証は許されない。したがって、元本保証が前提となっている「預金」という言葉は使えない。NPOバンクへの資金提供は、あくまでリスクのある「出資」だ。

しかも、銀行のように、「預金保険」（万一金融機関が破綻した場合に、一〇〇〇万円までの預金元本を保護する仕組み）も、政府の融資や助成金、税制優遇のような支援策もない。独立・独歩で進めなければならない。

そして、融資はしているが、銀行ではないのだから、サラリーマン金融（サラ金）と同様の貸金業法が適用される。いわば、「低利のサラ金」の形を取ることになるのだ。そのために、貸金業法の定める研修や規制を受けなければならない。貸金業法はクレジット・サラ金問題の深刻化から規制が強化され、それはNPOバンクにまで及んだ。たとえば、最低の設立資金の確保や指定信用情報機関への登録の義務づけなどである。NPOバンク側では、統一して最低限の規制ですませられるように金融庁との話し合いをすると同時に、非営利活動に見合った対応を求めている。

また、NPOバンクの出資元本は、銀行のようにいつでも下ろせない。元本の保証が許されず、年間を通じてみなければ貸し倒れがあったかどうかわからない。そのため、年度を終えてから決算し、それで元本割れしていないことを確認しなければ、元本を戻せないのだ。しかし、それでは出資者にとって不便になってしまう。

そこで、未来バンクでは「共済融資」という名目で、出資金の八割までを、どの時点でも理由を問わずに無利子で融資できるようにしている。金利はかからず、年度末には元本と相殺されるから、実質的に出資金の八割までは下ろせる仕組みと同じになる。このようにして、銀行でないことの不便さを解消しようとしている。

さらに、責任の問題がある。ＮＰＯバンクは、いくつかの法人形態を利用している。未来バンクは、組合員全員が無限責任になる「民法上の組合契約」を利用した。当時は他の法律がなかったという事情もあるが、運営上、出資金以上に融資をしないことにして、実質的に出資金以上の責任を組合員に負わせない形をとっている。同時に、理事が先に賠償することを申し合わせ、組合員に被害が極力及ばないようにしたのだ。

出資金が全部ゼロになったとしても、それ以上の責任は負わない有限責任の仕組みとして、ＬＰＳ（投資事業有限責任組合）を利用している、いわてＮＰＯバンクもある。この仕組みは有限責任とできる点で優れているものの、投資事業有限責任組合契約に関する法律（以下、「ＬＰＳ法」と略す）で公認会計士の監査を受けなければならない。するとコストが非常に大きくなるため、低利融資の継続が困難になってしまう。仮に公認会計士が善意で低額でやってくれたとしても、他の公認会計士に代わる場合や法的責任を問われる場合に問題が生じる。

北海道ＮＰＯバンクの場合は、特定非営利活動促進法（以下、「ＮＰＯ法」と略す）を活用して融資審査をしている。ただし、出資時点での形態は民法上の組合契約であるから、組合員の法的位置づけとしては無限責任であることに変わりはない。

配当は得られないが、低利融資が受けられる

ＮＰＯバンクは、組合員になろうとする個人の出資金を原資に融資をする。出資であるから、元本割れのリスクがある。一方で配当は予定しない。当初は配当も視野に入れていたが、金融商品取引法の規制からはずれるためには、「配当を一切予定しない」とせざるをえなかった（一九五ページ参照）。「配当をしない資金であれば出資ではないから、金融商品取引法の規制対象外」とされたからである。本来はもう少し広く、低利の配当までは非営利金融機関として、対象外とすべきと考えている。

配当をしない代わり、信用力の低い組織でも低利で融資が受けられる。融資先にはそれぞれのＮＰＯバンクによって特徴があるが、市民の事業を応援する点では共通する。たとえば未来バンクは、「環境」「福祉」「市民が社会をつくろうとする動き＝市民事業」の三つに限定している。目的に合致した対象に対して、きちんと返済される見通しを得たうえで融資を実行する。

金利は固定の単利の三％。担保は連帯保証人を取る。この単利という部分が、とくに大切だ。単利であれば返済額は膨らんでいかない。サラ金の場合は日複利。毎日金利に金利がかかっていくので、ほとんど返済困難なまでに膨らみかねないのだ。

配当が得られないと、損な気がするかもしれない。現実に「多少でも配当があれば出資したい」という声をよく聞く。しかし、誰でもおカネに余裕がある時期とおカネが不足する時期が

あるだろう。配当を得たいというのは、余裕のある時期におカネを儲けたいということだ。逆におカネを借りるときは、金利を多くは払いたくないだろう。つまり、二％の配当で五％の金利負担と、ゼロ％の配当で三％の金利負担は、同じはずだ。「配当のときは儲けたいが、金利負担のときは払いたくない」というのは、気持ちはわかるがフェアであるとは思えない。

また、少しでも配当をしたとたん、配当を得る人たちの欲望に火がつくのも事実だ。「もっと多く出せないのか」という声は、共助的な性格をゆがめるだろう。

不必要な規制が大きな問題

日本社会では、ほとんどすべての仕組みが営利事業を前提につくられている。たとえば、NPO法がつくられるまで、非営利団体にはほとんど法的資格が存在しなかった。同様にNPOバンクにもまた、いまなお社会的な受け皿は存在していない。法的には、民法上の組合契約、LPS法、中間法人法などを利用し、すでに述べたように貸金業法の登録をせざるをえない。苦肉の策とはいえ、まったく実態に合っていない。サラ金に対するような「夜間に訪問しない」「ドアを蹴らない」などの規制が、NPOバンクに必要だろうか。

さらには、多重債務を防ぐために、徹底した資産調査と貸金業協会への加入が義務づけられようとしている。他の業者で借り入れたかどうか、銀行やクレジットなどへの負債額を調べるために、指定信用情報機関への加入も義務づけられようとしている。これは実質的に、サラ金やクレジット会社に、高度な個人情報の入手を許すことになる。国民総背番号制度よりも怖い仕組みではないだろうか。

しかも、これらが義務づけられれば、指定信用情報機関への加入費と調査費を合わせて、最低でも年間一〇〇万円を超える負担になるとみられる。この情報を活用したい事業者にとっては安すぎるほどの価格だが、非営利で一～三％程度の低利融資を行なっているＮＰＯバンクにとっては、経費倒れで廃業に追い込まれかねない。

これが、〇六年一一月二九日の衆議院財務金融委員会における貸金業法改正法案への付帯決議を受け、「市民活動を支える新たな金融システムを構築する観点から、法施行後二年六月以内に行われる見直しに当たり、非営利で低利の貸付けを行う法人の参入と存続が可能となるよう、法律本則に明記することなど、必要な見直しを行う」とされているはずのＮＰＯバンクに対する対応なのだ。

金融商品取引法は、高収益を謳って多くの人びとから多額の資金を集めた平成電電や近未来通信などの破綻によって多額の詐欺的被害が生じたことから、投資性の高い商品に対する消費者保護のために改正された。しかし、配当すら予定しないＮＰＯバンクが「高収益を謳う」ことなどあり得ない。そもそも元本保証すらできないのだ。ところが、一律で「欲望」で釣ろうとする悪徳営利事業者と同じ扱いを受ける。

しかも、あくどい商法が広がるなか、経済活動に対する規制は広がりつつある。その際、非営利の経済活動は小さいがゆえに、配慮されない。非営利事業への規制が強まって、廃業せざるをえない事態が各分野に広がっているのだ。たとえば、本来非営利の会員組織である信用組合は、合併を除いて数十年間にわたって新規の設立は認められていない。

「日本版グラミンバンクが必要」と言われるマイクロクレジットが設立できたとしても、貸金業協会と指定信用情報機関への加入が義務づけられれば、低利の融資はできない。多重債務者に対して高い金利負担をさせて、どのように救済できるというのだろうか。

昔から国内に存在していた無尽講や頼母子《たのもし》講、沖縄の模合《もあい》など、仲間内で生活資金の便宜を図る「コモンボンド(信頼の紐帯)」に基づく融資も、貸金業法の例外とはされていない。現在は摘発されていないが、いつされないとも限らない不安定な状態に置かれている。

市民風車のような市民出資の仕組みも、金融商品取引法により、一円でも配当を出せば「第二種金融商品取引業の登録」が必要とされた。これでは新たに起業が困難で、コスト高になるため、魅力的な提案が困難になる。

保険会社が対応しきれないさまざまなリスクを構成員で分かち合う非営利の「自主共済」も、〇八年四月から一年以内に保険会社に営業を譲渡して廃業することを改正保険業法によって事実上強制されている。少額短期保険業者として登録する道もあるが、保険業経験者の採用、純財産要件、保険数理人（保険料などの計算や理論の専門家）との契約など、きわめて敷居が高く、コストもかかる。

各地で自発的に試みられている地域通貨もまた、金融庁で進められている「決済システム強化」の進み方しだいでは、「電子マネー・プリペイドカード・仮想通貨（ゲーム上など）・ポイントなどの決済に対する規制」により、全面的にできなくなる可能性がある。地域通貨の対象となっているケアサービスの時間、肩叩きや話相手も、金銭に換算できるとされかねない。それを保証するために、最低限の純財産五〇〇〇万円と、決済専門家の雇用が必要とされる可能性がある。

たしかに私たちの多くは、営利事業からの収入で暮らしている。しかし、だからといって、すべての暮らしが営利というわけではない。そもそも、食べることも子育ても、私たちの生活そのものは非営利活動として行われている。それなのに、生活物資の供給者としては営利事業以外に考えられないこと自体が、間違っているのではないだろうか。

少なくとも生活の半分は、非営利事業から提供されてもいいのではないか。もし社会の全員が、消費の半分を非営利事業者から購入するようになったとしたら、社会で働く半分の人たちは非営利セクターに変わる。営利目的でない分野に働く人たちが半分に達する社会は、いったいどんな社会になっているだろうか。おカネが中心ではない社会が生まれ始めるのではないだろうか。

ところが、過大な規制が私たちのような「非営利金融の仕組み」を進めようとする者を取り巻いている。営利目的と非営利目的は、まったく異なる。金銭的利益を目的としていないのだから、欲に目がくらんだ人たちが集まることはない。それを一律規制することの弊害が、市民の社会参画を許さない、息苦しい社会をつくっているのではないか。このままでは、市民は社会のなかで窒息死する。

体に合わせて服をつくる

それでも、萎縮してはいられない。市民は「服に合わせて体をつくる」べきではなく、「体に合わせた服をつくる」べきなのだ。私たちは市民立の銀行をつくりたい。政府が新規の銀行設立を認めていないからあきらめるのではなく、市民立の出資と融資を行いたい。出資は金融商品取引法の規制があって、膨大なコストを負担しなければできず、融資は貸金業法の予定するサラ金規制のコストを負担しなければできない。そこで、規制にしたがって膨大なコストを負担し、その結果高金利の市民立のバンクをつくるのではなく、規制をはずさせる努力をしなければならない。

全国NPOバンク連絡会（五四ページ参照）は、まさにその努力を続けている。金融商品取引法については、「配当を予定しない」ことによって法の予定する出資の範囲外とさせた。貸金業法についても、最低限の規制に従うことで、高金利になってしまう規制を受けない方向で交渉を続けている。さらに、新たな非営利の金融の仕組みをつくるように、政府に働きかけている。

私たちは今後も、服に体を合わせるのではなく、体に合わせて服をつくるように要求していく。

〔田中　優〕

2 NPOバンクの魅力

1 市民セクターに融資する

ここまでしても融資しようとするのは、市民セクター(行政セクター、産業セクターに対する第三のセクターとして、非政府・非営利の市民が社会の主体となる)に資金が必要だからである。信用力の低いNPO法人が融資を受けられないという事情もある。

NPO法人は出資(配当を前提とした出資は否定されている)が受けられず、資金の集め方としては寄付と融資しかない。しかし、一般の金融機関はNPO法人のような、寄付しか集められない信用の乏しい組織には融資しない。すると寄付のみで事業を行うこととなり、事業の拡大がほとんど困難になる。仮に助成金でまわしたとすれば、自転車操業的な仕組みになってしまう。しかも、ほとんどの助成金が人件費に対する支払いを認めていないのだから、これでは破綻しないほうがおかしい。融資が受けられなければ、NPO法人は成り立たない。

NPO法人でない場合にも、さまざまな理由で融資の差別を受ける人たちがいる。たとえば女性が始めた事業の場合、金融機関は夫の名義であれば融資するが、本人の申請では融資できないという。会社に勤めていないという理由で、夫の連帯保証を受けたとしても、女性は融資を受けられない例が多い。ワーカーズ・コレクティブにしても、パン屋さんのような事業にしても、勤めながら可能なことではない。こうして女性たちの社会参加、参画が妨げられている。

また、資金はなくても、いたって真面目な人もいる。だが、どれほど誠実に返済される見通しがあっても、現金収入が少なければ金融機関からは排除される。

このようなニーズに対して融資するのが、ＮＰＯバンクの役割だ。ただし、勘違いしてほしくはないことがある。だからといって、リスクが減って銀行が融資できる状態になったとしても、銀行に融資を代わってもらうつもりはないということだ。リスクが減った段階で銀行に融資を任せるのであれば、ＮＰＯバンクは永遠に高リスクのところにだけ貸すことになる。つまり、「銀行が安心して儲けるための露払い」の役割にされてしまう。

私たちは、市民自身が直接社会にかかわり、社会をつくりあげる主体になっていくことをめざしている。ＮＰＯバンクは、銀行にとって都合のいい代替品ではない。私たちがめざすのは、市民自身が社会の主体となっていくためのインフラの整備なのだ。

ただし、あまりにリスクが高い案件については融資できない。資金は、善意の人びとの出資金なのだから。したがって、十分に練られていない案件や、融資申請者自身がリスクを負担していない案件には、融資しない。事業を立ち上げるときの覚悟のレベルは、営利・非営利に関係がない。自営業者が覚悟を決めて起業しているのと同じように、非営利事業であっても覚悟がなければならない。

また、融資を個人的に求められて、自分では断れないために「それならNPOバンクに相談したらどうか」とまわしてくる場合もある。そんなときは、「こちらにまわすのだから、あなた自身が連帯保証できますね」と確認する。そうすると、ほとんどの場合、そのまま取り下げになる。返済のめどが立つことが、どうしても重要なのだ。

2　リスクがあっても必要な融資は行う

社会的に役立つことははっきりしていながら、どうしてもリスクが融資額を上回る場合がある。意義は理解できるが、リスクが高すぎたり、信頼できるとは思うものの、全体の出資金をリスクにさらすのは許されないと考える場合だ。そうしたとき、未来バンクでは、「特定担保提供融資」を実施している。

これは、組合員全体に案件を説明し、組合員が自分の出資金をその融資に対する担保として提供してくれれば、未来バンクが代わって融資するという仕組みである。高岩仁さん（故人）という映画監督への融資が始まりだった。高岩さんはたいへん優れた監督で、どんな圧力にも屈せず、伝える必要があると思えば映画を製作する。けれども、映画は非常にリスクの高い事業であるから、いかに高岩さんが高潔な人であっても、未来バンクは全額は融資できなかった。そこで、組合員にこう伝えたのだ。

「もしあなたが出資金を担保として提供してくれるのであれば、高岩さんにその金額の八割まで融資する。ただし、未来バンクはこの融資の返済を保証するものではないし、融資をお勧めするものでもない。とはいえ、万一返済が滞った場合には、未来バンクが皆さんの代わりに返済を求めることにする」

その結果、予想をはるかに超えて一〇〇〇万円もの出資金が提供され、未来バンク本体が融資すると決めていた金額(三〇〇万円)と合わせて、製作資金の多くがまかなえた。こうして映画「教えられなかった戦争、沖縄編——阿《あ》波《は》根昌鴻《ごんしょうこう》伊江島のたたかい」が完成し、一九九八年のキネマ旬報特別賞を受賞。返済は予定よりずっと早く終了した。

未来バンクの金利は、おおまかに必要経費が一%、返済が滞る可能性を二%と見積もって、合計三%としている。この特定担保提供融資の場合は、担保として出資金が提供されているので、万一返済できない場合には担保提供者の出資金から返済される。したがって、融資が焦げつく可能性はない。そこで金利は一%としている。つまり、未来バンクとしてはリスクがないのだから、必要経費の一%さえ確保できれば、貸し倒れを見積もる必要がないのだ。

この場合、組合員は、直接融資している状態に非常に近くなる。私たちはこの形式を歓迎している。人びとが社会参画していくための一歩として、自らリスクを負担することが大事だと思うからだ。

3　地域を元気にする

私たちは、地方が寂れていくのは地域に資金が残らないからだと考えている。地方の人たちのほうが、収入に対して貯蓄金額の比率が高い。ところが、その資金はすべて金融機関によって集められ、たいていの場合は東京が使い道を決めてしまう。地方がその資金を取り戻すときには、公共事業費となって、ほとんど役に立たない施設として届く。そして、そのまま事業が立ち行かなくなり、地方に借金だけを残すケースが多い。

私たちは公共事業が良くないと言っているのではない。公共事業は必要だが、もっと小規模な施設で足りると考えているのだ。地域で自分たちが使い道を決められる資金であれば、いまのようなダムや道路などの公共事業を振興策に選んだだろうか。もっと少額で、もっと効果が大きくて、もっと役立つ施設を考えられるのではないだろうか。

地方が過疎化するのは、資金が東京に取り上げられた結果ではないだろうか。地域に資金があれば、その資金は投資され、投資されたところには必ず雇用が生まれる。雇用された人は食べて生活していかなければならないから、食べ物の生産も必要となる。社会を活性化させ、経済の循環をつくり出すための第一撃は、おカネを自分たちで持っているかどうかによると思う。だから資金は、中央集権的に東京に集められるべきではなく、各地に地域分散化すべきだと考える。自分たちで使い道を考え、管理し、自分たちのために役立てていくべきだ。

未来バンクはそう考えて、大きくならない方針を選択した。各地域に未来バンクのようなものができるほうが、未来バンク一つが大きくなるよりはるかに社会的に有益なのだ。

4　融資で社会が変わる

おカネは問題であると同時に、問題解決のカギを握るツールでもある。人びとにとって命の次に大事なものであることによって、人びとを動かし得るツールとなるからだ。

たとえば、ヨーロッパの多くの国では炭素税を導入している。二酸化炭素を排出すると、その量に応じて税を負担しなければならない。だから、とくに企業は二酸化炭素排出量を削減する努力をする。ドイツの場合は使い道もまた効果的だ。自然エネルギー導入の支援に使われるほか、企業が負担する労働者の社会保障費に対しても助成されている。企業の負担する労働者の年金の半額に、炭素税から助成されるのだ。

ヨーロッパでは、環境問題は単独の問題として対処されているわけではない。環境対策は、同時に社会的イノベーションの機会として、さらに雇用創出の機会として対処される。この形の税は、やがて「Goods 減税」「Bads 課税」として固定化されていくだろう。つまり、環境破壊や健康に良くないものに課税し、労働や貯蓄のような良いことには減税していく形になるだろう。これもまた、税による社会の誘導策になっていく。

ドイツでは、自然エネルギーを導入した場合、そこから生み出した電気に対しては電力会社が高く買い上げる仕組みも導入されている。驚くのはそのきめ細かさだ。同じ風車の電気でも、風の強い地域からは安く、風の弱い地域からは高く買う。木材を燃やして得られるバイオマス発電でも、市民が小規模に導入したところからは高く、企業が大規模に導入したところからは安く買い上げる。「カネを儲けたいと望むなら、自然に環境に良いことをしてしまう」構造となっているのだ。

このように経済的利益が得られる仕組みによって、各人の最大限の努力を引き出す仕組みも創造できる。だから、おカネは問題解決のカギを握るのだ。

これは政府にのみ可能なわけではない。地域で地球温暖化問題に対処しようとする足温ネット（足元から地球温暖化を考える市民ネットえどがわ）でも、「カネを使った解決策」を実行している。それは、家庭内の最大の二酸化炭素排出源となっている電気に対する対策として考えられた。

家庭内の電気消費量は、四つの家電製品で三分の二を占めている。エアコン、冷蔵庫、照明、テレビの四品目だ。このうち冷蔵庫の省エネ化は著しく、九五年からのわずか一〇年ほどで、消費電力量が五分の一以下に削減されている。そこで、冷蔵庫を買い換えたいと思う人への融資を始めることにした。というのは、削減される電気料金が五年間で約一〇万円を超えるため、省エネ冷蔵庫の価格に達するからだ。

たとえば、メンバーの一人は一〇万円の融資を受けて古い冷蔵庫を買い換えた。安くなる電気料金は毎年約三万円。五年間、毎年二万円の返済だったが、毎年一万円の利益を得ながら完済できた。しかも、二酸化炭素排出量は激減している。そして、冷蔵庫の平均使用年数は一二年あるから、残り七年間で二〇万円ほど得することになる。

ただし、地域のＮＰＯである足温ネットは貸金業法に登録していないため、不特定多数には融資できない。融資は会員に限り、しかも金利をゼロにせざるをえない。なお、この事業は、ＮＰＯバンクの一つであるａｐ ｂａｎｋから資金融資を受けている。

ここから理解できるのは、金融は「イニシャルコスト（初期費用、最初にかかるおカネ）をランニングコスト（運営費用、毎月かかるおカネ）に変えられる」ということだ。だから、最初に費用がかかるために躊躇してしまう高額な買い物だとしても、最終的には得になる仕組みにすれば、導入のハードルを低くできる。この仕組みを利用すれば、長期的には利益になるが、初期費用のために導入されにくい省エネ設備や自然エネルギーなどを積極的に導入できるようになる。

他の例も紹介してみよう。たとえば白熱球を蛍光灯球に交換する場合、白熱球の価格と比較すると数倍高い。このとき融資して、三カ月間だけ支払いを猶予したとしよう。すると、蛍光灯球が届いてから三カ月後に代金を払えばよい。費用を計算してみよう。

明るさは同じ六〇ワットだが、電気消費量は約六分の一に下がり、寿命は一〇倍長くなる。そのため通常の家庭利用レベルで計算すると、年間では二五〇〇円程度電気料金が安くなる。三カ月間では六〇〇円安くなる計算だ。安い蛍光灯球は六〇〇円で売っている。三カ月間で安くなった電気料金で六〇〇円は取り戻しているから、費用は実質的にタダにできる。

5 エコで健康な住宅を広げられる

私は二〇〇八年、天然住宅という非営利中間法人（代表：相根昭典）をつくった。健康に問題ある接着剤や化学物質を一切使わず、環境に良く、三〇〇年をめざす超長寿命、耐震性能は抜群、木を組んで造る伝統構法を用いた住宅をコーディネートする非営利法人だ。

いまの日本では、林産地側が受け取れる代金が少なすぎるために、林産地の人びとは働いても食べられず、そのため山が放置されて、荒れ果てている。その状態を何とか改善しようとするものだ。非営利で利益を目的としないが、それでも価格は一般のハウジングメーカー並みになっている。できれば、もっと負担を少なくしたい。

そこで、新たなＮＰＯバンクとして「天然住宅バンク」を〇八年七月に設立した。まだ実施段階に至っていないが、引越し時の省エネ家電製品や安全な家具の購入に対して融資する予定だ。

また、ある場所で減らした二酸化炭素量を他の人に譲渡できるカーボンオフセットという仕組みが始まりつつある。天然住宅バンクが家電製品や家具の買い替えに融資し、借り入れた人が減らせる二酸化炭素排出量をバンクが受け取る。そして、受け取った二酸化炭素排出量を組合員の希望者に売って、カーボンオフセットを完成させる。その代金を融資した資金の金利部分に充てていく仕組みをつくる。

たとえば、寒冷地で高効率なペレットストーブ（たとえば、さいかい産業〈新潟市〉の製造）を導入すると、どうなるだろうか。仮に五〇万円借りて、五年間にわたって毎年一回返済する場合、金利は五年間の合計で四万六二六八円になる。寒冷地でこのストーブを導入すると、二酸化炭素排出量は毎年約四トン減る。このカーボン(二酸化炭素)をトンあたり三〇〇〇円で購入したとしよう。すると、毎年一万二〇〇〇円の利益になる。これを金利に充てると五年間で六万円。金利負担が四万六二六八円だから、それを上回る。つまり金利をマイナスにできるのだ。

おカネを借りてペレットストーブを導入した人は、毎年二〇〇〇円ほど得をする。通常は借り主が負担する金利を、逆に受け取れるようになるのだ。金利計算をしてみると、実際に借り入れたのは五〇万円だが、返済する額は四九万五〇〇〇円になる。ついでに言うと、さいかい産業が製作したペレットストーブは熱効率がきわめて高い。燃料のペレット代は、それまでの灯油代の約半額になる。つまり、燃料代で得をし、さらに金利も得する。

こんな仕組みもつくれてしまうのが融資のもつ大きな可能性なのだ。

〔田中　優〕

第2章 Shall we Bank?

1　NPOバンクのつくり方

NPOバンクは、銀行ではない。銀行がつぶれそうになれば国が支援するし、万一の場合には「預金保険制度」もある。利子はあきらめても、預金元本は保証されるのだ。しかし、NPOバンクにそうした制度はない。仮に融資が焦げついてしまえば、出資元本が減る。そのリスクも共有しながらの、共済的なバンクだ。海外では市民が銀行を設立したり、自分たちで非営利の融資の仕組みをつくったりしているが、日本ではそれができない。非営利組織を対象とする法制度がきわめて少なく、営利目的につくられた組織に対する規制法に従わざるをえないためだ。

1　組織形態と法的問題

出資は民法上の組合契約で

たとえば資金の出入りをみると、貸し出しはサラ金の規制法である貸金業法に則って融資し、資金を集める出資には金融商品取引法と出資法（出資の受入れ、預り金及び金利等の取締りに関する法律)に抵触しないようにしつつ、法人組織としては民法上の組合契約やLPS法や中間法人法を用いている。どれも一長一短あり、「これがよい」と言えるようなモデルはない。

組織の法的仕組みについては、NPO法が使えない。というのは、NPO法人が予定する収入は寄付と融資のみで、出資を受けられないからだ。

「それなら寄付で運営すればよいではないか」という意見をよく耳にするが、現実的ではない。たとえば、未来バンクの出資金の平均額は三〇万円近い。出資なら、事業に失敗しなければ三〇万円を取り戻すことができるかもしれない。しかし、寄付では、どんなに事業が好調でもその三〇万円は二度と戻ってこないのだ。それでもかまわないという人は多くないだろう。現に私は、三〇万円もの金額を気前よく寄付してくれる人を見たことがない。つまり、出資でなければ集まらないのだ。その出資が受けられない以上、NPO法に則ってNPOバンクを行うことはできない。

北海道NPOバンクなどはNPO法を用いているが、出資にかかわる部分は別法人とし、民法上の任意組合を設けている。あくまで融資審査と決定についてのみ、NPO法人がアドバイスする形である。

出資を集めるのには民法上の組合契約がもっとも適切に思える。ただし、組合員である出資者には無限責任がかかってしまう。投資事業有限責任組合(LPS)であれば有限責任となるが、公認会計士の監査が必要となるため(三〇ページ参照)、通常であれば毎年数百万円の支出を予定しなければならない。小規模で、低利で少額の融資を行おうとするには、この負担が大きすぎる。

たとえば未来バンクの収益をみると、年間わずか二〇〇万円程度だ。相場より安く依頼したとしても、スタッフ全員が無償で努力しているというのに、公認会計士への支払いにすべての収益が使われてしまうことになる。逆に金利を上げて対応したとすれば、低利で小規模な共済組織という意味が失われてしまう。となると、出資を受ける部分については、民法上の組合契約を使わざるをえない。

出資に関する規制

次に、資金の流れに対応した法規制をみてみよう。すでに述べたとおり、資金の入り口である「出資」側の法と、出口である「融資」側の法の問題がある。まず、出資側の問題から見ていく。

第一に重要なのが出資法の規制だ。出資法は、銀行以外の元本保証や配当率の予定を禁じている。NPOバンクは銀行ではないから、元本保証をしてはならない。そこで各NPOバンクでは、元本が戻らなくなるリスクについて、パンフレットなどで明示している。配当についてては、以下の金融商品取引法の規定から、すべて配当しないこととせざるをえなかった。
金融商品取引法は、従来旧証券取引法などによって規制されていた金融商品取引を一元規制し、これまで法ができるたびに抜け穴をつくっては詐欺的商法に使われていた金融商品取引を行えなくするための法制度だ。それ自体は、私たちのような経済的弱者が食い物にされる状況を問題としてきた側としては望むところだ。

ところが、その規制は出資を受ける組織全体にかかわるものであり、非営利組織に対する出資への配慮がなかった。したがって、ＮＰＯバンクにも公認会計士の監査、出資目論見書（有価証券の募集にあたり、投資方針、運用体制、リスク要因や、手数料・単位・約款などが記載された文書）の作成、第二種金融商品取引業者（第一種が証券会社を対象とするのに対し、第二種は匿名組合への出資などを対象とする登録規制。一〇〇〇万円以上の資本金が必要とされる）の登録が必要とされる。そうなると、前述した投資事業有限責任組合の場合と同じように、経費が高くなるために高金利にせざるをえなくなってしまう。そこまでしてＮＰＯバンクを存続させる意味があるのかどうかも疑わしい。

この問題が、互いに連絡を取っていなかった全国のＮＰＯバンクが結集するきっかけとなった。それぞれのＮＰＯバンクだけでなく、非営利事業をサポートする弁護士、公認会計士・税理士で構成される「ＮＰＯ＠ＰＲＯ」（ＮＰＯ会計税務専門家ネットワーク）、さまざまなサポートをしてくれていた周囲の金融関係者、シンクタンクの個人や大学の研究者などが集まり、現在の「全国NPOバンク連絡会」が生まれたのである。全国NPOバンク連絡会は早速金融庁に面談して事情を訴えるとともに、金融商品取引法改正の詳細について調べていく。最終的にはフォーラム「投資サービス法とNPOバンク、市民事業」(二〇〇五年七月二三日)に金融庁担当者を呼び、国会の金融審議会に参考人として出席し、事情を述べるなどして、法の適用除外を訴えた。

金融商品取引法の規制は出資に対するものであり、出資は配当を前提とする。したがって、第5章の2に述べるように、「配当を行わない出資を適用除外とする」とすれば、配当を予定しないNPOバンクの場合は適用除外となる。

金融商品取引法改正以前のNPOバンクは「配当をしない」と明文化していなかったが、実質的には配当するほどの融資金利を得るより、配当しなくても低利融資の実現を優先していた。したがって、実際に配当をするNPOバンクは存在しなかったが、仕組みのうえで配当を拒絶していたわけではない。だが、例外をつくりたくない金融庁側との話し合いのなかで、私たちはやむなく配当しないことを前提として、規制の適用除外を選んだ。

ただし、この時点で、それまでともに活動していた日本共助組合とは別の方向に進まざるをえなかった。日本共助組合はカトリック教団内につくられた相互扶助組織で、日本でもっとも古くからあるNPOバンクともいえる。彼らは「クレジット・ユニオン運動」という全世界的な運動の一環として活動している。そこには途上国の貯蓄の励行という目的もあって、無配当にするという仕組みにはできない。世界中にあるクレジット・ユニオン運動が、日本だけは展開できなくなるのだ。日本共助組合は、他のNPOバンク運動の妨げになってはならないからという理由で身を引かれた。

私たちも配当を全面的に排除する必要はないと思っているが、この場面では妥協せざるをえなかった。しかし、そこにはもう一つの理由がある。

NPOバンクが希望するのは、そもそも利子・配当のない社会だ。仮に三%の配当が得られる出資金を集めて、六%で融資していたとしよう。もし互いに出資できるときと融資を受けるときとが交互にあるとしたら、出資に対する配当が〇で、融資が三%であったとしても、効果は同じになる。それならば、融資金利を下げるために配当をなくしたとしても違いはない。

仮に融資金利が六%であれば、事業の収益率はそれ以上でないと資産が劣化していくことになる。それほど高い収益率を生み出せる事業は、多くはないだろう。さらに言えば、金利の高さは必ず経済の膨張(成長)を前提とするから、無理な経済システムを押しつけることになるだろう。そのためNPOバンクでは、低利での融資と同時に、「金利部分は金利を生み出さない」単利の仕組みを採用している。

貸し付けに関する規制

貸し付けに対しても非営利組織向けの法律が存在しないために、やむなく貸金業法の登録をしている。ところが、サラ金が全人口の一〇％以上に貸し付けるようになり、たとえ自殺であっても保険金からの返済を認めていたために、悲惨な「サラ金地獄」と呼ばれる事態が発生した。こうした高利の融資を受けなくてすむようになることも、ＮＰＯバンクの設立目的の一つである。

サラ金地獄は社会的な問題となり、サラ金を念頭に貸金業法の規制強化が打ち出された。これは、私たちにとっても望ましい事態である。しかし、その規制は、ＮＰＯバンクにも一律に適用されようとしている。多重債務を生み出さないための信用情報機関への登録や、信用情報の提供などである。これらは貸金業者向けであるから、銀行には適用されない。ＮＰＯバンクが銀行になる道が閉ざされている一方で、規制に対してはサラ金と同一の扱いがされようとしているのだ。

ＮＰＯバンクが融資対象としている人たちは、非営利であっても社会的に必要と考える問題に取り組む人びとであって、一般的にはサラ金から融資を受けるような人たちではない。にもかかわらず、信用情報を提供しなければならないとすれば、サラ金業者から融資を受けているかどうか調べられるリストに名前が登録されることになる。これは、狼の群れの中に羊を投げ込むようなものではないだろうか。

たしかに、貸金業法の規定上は「目的外使用」は罰せられる。だが、刑事罰は民事と違って厳密に適用されなければならないから、本当に「目的外使用」とされるかどうかにはまだ疑念がある。それ以上に、信用情報機関にデータが載り、サラ金から借りていると誤解されてまで、あえてNPOバンクから借りる人がいるだろうか。しかも、信用情報機関への登録はタダではない(これまでは義務になっていなかったから、NPOバンクは登録していないが、従来は年間五〇万円を超えていた)。登録費用を払うと、低金利で続けられなくなってしまうのだ。これは私たちの組織にとって存亡の危機に匹敵する。

そこで、現在も金融庁と協議を続けている。二〇〇六年の改正貸金業法の可決時に、「市民活動を支える新たな金融システムを構築する観点から、法施行後二年六月以内に行われる見直しに当たり、非営利で低利の貸付けを行う法人の参入と存続が可能となるよう、法律本則に明記することなど、必要な見直しを行うこと」という付帯決議が行われた。この付帯決議に応えるためにも、最低でも適用除外、本来なら別枠の非営利事業者向けの法規制が必要だ。

2　関係者が平等に利益を得られる仕組み

私たちは、社会に三つのセクターが必要だと考えている。一つは行政のようなガバメント・セクター（Government Sector＝GO）。行政以外は、産業界も含めてNGOになる。もう一つは産業セクター（Profit Sector＝PO）。産業界以外は、行政も含めてNPOになる。加えて、もう一つのセクターがある。NGO（非政府）であり、NPO（非営利）であるセクター、つまり市民セクターだ。

さらに考えてみると、私たちの家計や日常生活は非営利で営まれているが、ほとんどの物品・サービスは行政や企業からまかなっている。しかし、家庭内がそうであるように、本来は「共益」と呼ばれる非営利の関係でまかなわれてもいいはずだ。

つまり、市民が自分たちの生活圏や社会を形成していくために、支援できる社会的インフラが必要なのである。その社会的インフラとしてNPOバンクは企図され、機能してきた。もちろん従来の貯蓄の使い道を変えるという点があるが、積極的な意義としてはこの社会的インフラの提供という面が大きい。そのとき、非営利性が重要だ。それは、一種のステイクホルダー（利害関係者）の問題としても考えられる。

私たちＮＰＯバンクは、関係する人びとがなるべく平等に利益を得られる仕組みを実現しようとしている。営利セクターがそのように発展することも不可能ではないから、営利セクターと敵対しているわけではない。行政のめざす公益も、ステイクホルダーの平等性を実現しようとしている。しかも、地方自治体であれば、そのステイクホルダーは全国民ではなく、地方自治体内の住民である。つまり、実質的に公益（全国民、全人類の利益）ではなく、共益である。ＮＰＯバンクは共益をめざしている点で、行政とも守備範囲が重なる。その重なり合う範囲で切磋琢磨していき、よりよい社会をめざしていきたい。

この関係は「チェック・アンド・バランス」だと考えている。そして、行政には税収があり、産業セクターには利益があるが、非営利セクターには寄付しか存在しない。これでは成り立たないから、出資に始まる共益的なインフラが必要になる。

配当の極大化を目的とした場合、金利は当然高くなるし、社会全体では必ず経済の肥大化が求められてしまう。しかも、金利が金利を生み出す複利を前提とした場合、永久運動としての発展を余儀なくされる。このような経済の膨張は、有限である環境などの資源に著しい被害をもたらす。だから、金利・配当を極小化する経済的インフラが求められるのだ。

金利・配当を極小化するためには「無償性」も必要とならざるをえない。本来なら人件費を支払って進めたい。だが、小規模を旨とするＮＰＯバンクでは「スケールメリット」が働かないため、実質的に困難だ。また、金融の地域分散を進めている以上、スケールメリットの追求自体に問題がある。そこで、メンバーが無償でできる範囲の最大限までのサイズにしていくか、もしくは人件費が払えるレベルの大きな出資・融資額を達成するような、スケールメリットの得られる多額の目的設定が必要になる。

3 運営に必要な知識

NPOバンクを設立・運営していくのに、三つの知識が必要である。

第一は法律の知識だ。融資、保証、融資の実行、債権・債務、相続など基本的な法的知識がないと、運営自体が困難になってしまう。また、規制法の関係などを理解せずには運営できない。たとえ定款を他団体から引用できたとしても、理解していなければ意味がない。法的リスクをかかえないためにも法律の知識は不可欠だ。

第二は会計の知識だ。どんないいことでも、どんぶり勘定では成り立たない。最後の一円まできちんと追いかけられる複式簿記の管理と会計能力が求められる。

第三は融資審査をするための審査能力だ。まず融資目的に適っているのかどうかを調べ、次に経済的に成り立っているのかどうかを調べ、最終的には代表者の覚悟の程度や人柄を目利きしなければならない。

この三つが最低必要な条件だろう。ただし、従来は、地域に頼母子講や模合など共益的な相互の共済融資の仕組みがあった。そこでは、これほど高い能力が必要とされていたとは思えない。かつては相互依存とつながりの強いコミュニティが存在していたから、地域内で信用を失うことは自殺行為に等しかった。だから、地域内やコミュニティ内でのつながりが強い場合は、これほど高度な能力は必要なくなる可能性がある。それぞれの地域性やコミュニティの深度に応じた設立形態が存在する。

さらに、どうしても必要があって、かなりの信用と確実性があるときにしか貸さないという方法もある。「めったに貸さないバンク」だ。営利を目的にしていないから、条件が整わなければ融資しないという方法もあるのだ。

4　運営者に求められる資質

運営者に求められるのは、まず覚悟だ。カネを集積しただけでも盗難・紛失などのリスクは発生する。設立する本人に覚悟がなければ、出資する側も安心できない。設立者が覚悟を決める必要がある。その覚悟の形はリスクテイクだ。万一、融資資金が返済されない場合、法律的には出資者全員に平等にリスクを引き受けさせることができる。けれども、実質的には、出資者は融資審査にかかわっていない。融資審査を行なった者がリスクを引き受けるのが当然だと思う。現在、多くのＮＰＯバンクは、融資審査を行う理事が先に出資金から弁済する仕組みをもっている。それは覚悟の形である。

次に、人格・思慮・熱意だ。社会福祉主事という資格には、「人格が高潔で、思慮が円熟し、社会福祉の増進に熱意があり」という規定がある（社会福祉法第一九条）。ＮＰＯバンクでは、それが実務のうえで必要になるだろう。たとえば、持ち逃げ・横領する人間は絶対に運営すべきでないし、思慮が浅くてだまされてしまっては融資にならない。非営利バンクを促進する熱意なしに進めたのでは、自分に都合のいい融資を優先しかねない。フェアの精神がなければ実現できない。

未来バンクでは、融資相手が指定する場所で融資審査の面談をする場合がある。このとき、絶対に奢らせないことも約束事となっている。「相手が費用を負担した場合には融資できなくなる」旨を説明し、必ず割り勘にする。その費用と面談先までの交通費は未来バンクの経費としているが、実際には理事のほとんどが請求していない。それがいいとは思わないが、職務の怠慢とも考えていない。

また、ＮＰＯバンクでは経費がかけられない。低利融資を実現するのに経費が大きすぎては、経営が困難になってしまうからだ。そのため、経費節減と作業時間の短縮のために、インターネット利用とコンピュータ管理が不可欠だ。すぐにメールの返信ができない人や、情報を調べたりメールを読みもしない人は、適格性がない。

要は、情に流されず客観的に厳しく見る一方で、相手が喜ぶ内容の支援を楽しめる人間であることだ。

〔田中　優〕

2　NPOバンクがおカネを貸す

NPOバンクは組合員の出資金をもとに行う融資が業務の基本だ。その実態と、さまざまな工夫(審査、リスク管理、情報公開)について述べよう。

1　融資審査をどう行うか

まず、NPOバンクそれぞれの設立目的にかなう事業かどうかを判断しなければならない。「環境改善に資する」としながら環境悪化につながる融資はできないし、「非営利事業を促進する」としながら営利目的の融資はできない。ただし、営利・非営利を組織の形態によって判断すべきではない。営利の器である株式会社であっても、実質的に非営利事業を行なっている場合は多くあるし、会社を「ステイクホルダーの集まり」と理解した場合、たとえば社会的利益につながる投資を優先するような、非営利側に多く分配している会社も数多く存在するからだ。

また、「目的が合致する」かどうかについても、あいまいな事例がたくさんあり、きわめて判断が困難な部分でもある。たとえば、「外部からのエネルギーの投入なしにエネルギーを取り出せる」というような事業はほとんど詐欺であるが、可能であると多くの人びとに信じられている。そして、商品がいくらすぐれていたとしても、売り方が「マルチ商法」であれば、商道徳上許されない。未来バンクにも融資を申し込んでくる詐欺商法があった。そのたびに断わってきたが、幅広い知識がなければ判断を下すのは簡単ではない。

次に、融資の対象事業がきちんと成り立ち、返済できるかどうかの見極めが重要だ。決算書類などがそろっていれば判断しやすいが、ＮＰＯバンクには設立間もない時点での融資の申し込みも多い。その商品や事業に市場性があるのかどうか、商品や事業を周知できるだけの力量があるのかどうかも、判断しなければならない。たとえば九九ページで紹介されている事例のように、すべてが同時進行で進められようとしている場合や、良い事業でもすでに競合する事業が同じ市場にある場合などだ。

このように判断していく場合、慎重すぎると、銀行並みに融資しないＮＰＯバンクになってしまう。それでもいいが、存在意義を失うほどであってはならない。そこから「ともだち融資団」（八七・一一六ページ参照）や「特定担保提供融資」（四〇ページ参照）など、ＮＰＯバンクの組合員自身に直接判断してもらう仕組みがつくられるようになってきた。

さらには、人物を見なければならない。どんなに良い事業でも、自分の資金を出さず、他人のふんどしで相撲を取るような仕組みであったとしたら、融資を避けたほうがいい。不測の事態が生じたときに、返済の可能性が低いからだ。逆に、収入額にかかわりなく、ほれぼれするほど信頼できる人物もいる。その場合には、理事が自分の出資金を提供するつもりで融資することもある。

ただし、自分ひとりの目で判断するのは危険だ。複数の理事で面談し、質問し、判断する形が望ましい。また、複数回融資をしている場合でも、面談は最低年に一回はしたほうがいい。融資対象者の意識や生活の乱れは、意外と服装や態度に現れるからだ。

2　リスクを減らす努力

返済リスクを減らすコツ

融資にリスクはつきものである。どんなに良い事業でも、うまくいかないリスク(事業リスク)はあるし、うまくいったとしても返済されるとは限らない(返済リスク)。このリスクをどうカバーするかによって、融資できる範囲は狭くも広くもなる。事業リスクはすでにふれたので、ここでは返済リスクについて考えたい。

まず、高い金利の他の金融機関から融資を受けている場合は、融資しないほうがいい。返済する場合、必ず高い金利の金融機関を優先するからだ。NPOバンクは低金利にしている以上、他の高金利の債務があれば、そちらから順に返済されるのは当然である。だから、融資しないほうがいい。

次に、遠距離の融資や人間的なつながりのない融資は望ましくない。NPOバンクの趣旨でもある地域分散型社会の構築からはずれるためでもあるが、それ以上に返済可能性が低くなるからだ。互いの信頼関係から成り立つ非営利のNPOバンクでは、たとえ合法的であっても、法的手段を用いてまで返済を求めたくはない。したがって、「信頼され、信頼しているからこそ裏切りたくない」という心理が、返済の最後のよりどころとならざるをえない。ところが、地域で活動している団体が遠く離れたNPOバンクから融資を受けた場合、その関係が成り立たないか、希薄になってしまう。

一方で、人間的なつながりが濃すぎる場合も避けなければならない。一般的に銀行で言われるような「情実融資」に近くなるからだ。とはいえ、NPOバンクの返済可能性の高さは、人間関係のつながりに依拠している。返済しなければ信頼関係が損なわれるという危惧が、返済率を高く維持させているのだ。ここが大きなジレンマとなる。そこで、融資審査の際に「忌避（避けておくこと）」という手段を用いる。融資申込者と関係が深い者は、面談にも融資審査にも加わらないのである。

以下では、未来バンクの理事が個人的に作成した、「リスクが高い」と考えられる類型を紹介しよう。なかなか正鵠を射ている気がする。

「リスクが高い」と考えられる類型

①急いでいる場合

融資の実行を急いでくれと必死に頼むところは、少し怪しいかもしれない。資金調達の計画がなっていない相手が悪いのだから、相手のペースにのらないで、冷静に判断することが必要。

②他人の話を聞かない人

NPOバンク側の質問や話にきちんと応えず、自分のペースで自分の関心のある話題のみベラベラ話す自己中心人物は、要注意。

③ヘンなことをポロっと言う人

「もし返済が滞ったら、どこそこの団体を脅して返済原資を確保する」とか「おカネのことなんか考えたくない」とか「貸してくれないと首を吊る」とか、聞いていて突拍子もない、あるいは常識はずれのことを言うなと思ったら、少し怪しいかも。

④お年寄り

返済が滞った場合、どこかで働いてサラリーで返済するという方法をとれない。万一のことを考えると、若い人に融資するほうが老人に貸すよりも相対的にリスクが低い。

⑤自腹を切らない人
人のふんどしで相撲をとろうという魂胆は、とんでもない。
⑥いくつもの団体の実務を切り盛りしている人
お金を勝手に別の団体に融通してしまうかもしれないので要注意。
⑦外見が妙に立派なところ
パンフレットがキレイ、事務所が都内の一等地にあるなど、外見にお金をかけられるのに、なぜＮＰＯバンクのようなアマチュアから少額のお金を借りようとするのか、ギャップを感じてしまう。
⑧遠いところ
延滞のときに回収しに行けない。
⑨政治家の名前を出す人
虎の威を借る狐ではないか。

連帯保証でリスクを下げる

融資時のリスクを下げるために、前述したともだち融資団や特定担保提供融資などの、組合員自身に直接判断してもらう仕組みが生まれた。これらは、融資対象に対して連帯保証するなどしてリスクを共有し、支える仕組みである。

たとえばAさんが融資を受けようとしているが、リスクが高すぎて融資できない。しかし、Aさんの事業の受益者や賛同者が多く存在する場合、その人たちが出資し、その出資金を担保として提供すれば、NPOバンクにとっての返済リスクは実質的になくなる。こうして、組合員である出資者が自ら名乗りを上げて自分の出資金を担保提供し、返済リスクを減らして融資する仕組みだ。新規事業でリスクが判断できないときや、NPOバンクではリスクを取りきれない場合に役立つ。受益者や賛同者が多い場合にも有益だ。

しかも、融資を受けた側にとっての実質的な圧力である「信用」が担保されるから、返済の確実性が増す。また、出資者側もNPOバンクの理事たちの判断に委ねるのではなく、自分の判断で融資に参加できる。銀行のような「間接融資」ではなく、自己責任の「直接融資」に近くなる。

返済期限を守らせる工夫

融資後の返済リスクを低減するのにもっとも重要な方法は、相手に融資の返済期の到来を周知することだ。NPOバンクのなかでは、女性・市民信用組合設立準備会(WCC)がもっともきちんと管理している。返済期が近づくと電話するなどして連絡し、返済を促す。返済されたかどうかの確認を取る。こうした努力によって、ＷＣＣはＮＰＯバンクのなかでもっとも高い返済率を実現している。

一方、融資は手段であって、目的は市民社会形成のインフラづくりである点を考えると、融資の返済を厳しくすることは、経営の自立意識や約束事を守らせる以上の意味はない。これが営利であれば厳しく取り立てし、返済日を過ぎれば約定金利の二倍の金利を取るが、ＮＰＯバンクにとってはそれ自体に大きな意味はない。柔軟に対応しつつ、毅然として返済を求める。

このとき、連帯保証人は重要だ。連帯保証人に対しては、返済日を過ぎれば、債務者本人に通知せずに直接返済を求めることができる。法的には、融資を受けた本人と同様の位置になるのだ。ＮＰＯバンクの場合、めったに法的手段に訴えることはない代わり、返済圧力として担保しているのは「本人の信用」だ。「連帯保証人へ伝えざるをえない」という事態が、返済リスクを減らす大きな担保となっている。したがって、返済日を過ぎたからといってすぐに連帯保証人に支払いを求めるのではなく、債務者本人へのプレッシャーとして利用する。

これらは、融資時にきちんと説明しておかなければならない。書面で交わすのもよいが、経費のかけられないＮＰＯバンクではホームページで周知徹底しておくこともありうる。保証人と連帯保証人の違いすら十分に理解していない人が多くいる以上、知らせておくべきである。

融資後の関係性をどう考えるか

融資後の関係性はＮＰＯバンクによって対応が異なる。未来バンクは融資事業には不介入の方針で、ほとんど干渉しない。一方でコミュニティ・ユース・バンクｍｏｍｏ（愛知県）では、融資後の活動に融資審査メンバーが直接参加し、協力していく。もちろん、参加協力していれば返済リスクが低くなる。とはいえ、それだけの手間がさけない場合もあるし、実質的に優位性をもつ融資側が参加することの是非もある。どちらのやり方もあるだろう。

ただ、融資側が実質的に優位性をもつという点は、留意しておいたほうがいい。こちらがちょっとしたアイデアで発した言葉であっても、融資を受ける側にはそれ以上の重みをもって響く。場合によっては、経営に口出しすることになりかねない。万一それが原因で事業が失敗した場合、返済リスクが高まる。「あなたのアドバイスに従ったから失敗したのだ」というように。

同様に未来バンクでは、融資を断った場合の理由も説明はしていない。「理事会で相談した結果」とだけ伝える。もっとも深くかかわった場合でも「こうするとよい」というアドバイスまでにとどめている。

このアドバイスが経営に役立つ場合がある。ある事例では、金利をまったく考慮せずに、複数の銀行から融資を受けていた。銀行が低金利とは限らない。実際、サラ金並みの金利となっていたために、事業単独では黒字が出ているのに、赤字になっていた。こうした事例は思いのほか多い。これは経営者の甘さだ。その場合は、合理的な経営をするなら先に銀行への返済を優先するのが当然であると説明し、それが解消されるまでは融資できない旨を伝えた。翌年、その事業者は見違えるように財務状況を改善し、ＮＰＯバンクからの融資を受けた。

こうしたアドバイスが信頼関係の深化につながれば、返済リスクの低減になっていく。一般の金融機関の融資は、保証人の財産の取り立てや本人の財産の競売などを通じて、実質的な脅しによる返済を求める。これに対してＮＰＯバンクでは、信頼関係の深さ・広さによって返済を担保しているのだ。

3　情報公開の意味

ＮＰＯバンクでは一般的に、融資対象を公開している。未来バンクは当初、融資対象者のプライバシーに配慮して公表していなかったが、融資を受けた側が「未来バンクから融資を受けた」と公表しているケースが多かった。融資を受けられたこと自体を信用の証とする部分もあったし、融資対象者の大半は非営利組織だったから事業内容を公表する場合も多いためだ。

そうなると、未来バンク側だけが融資内容について公表しないとしても実質的に意味がない。そこで、融資の申込書に「第５条　私は未来バンクが当該融資事業に関する情報および返済状況について、ホームページ上などで公開することに同意します」と記載し、個人の融資者を除いて、ニュースレターなどで組合員に公表するようにした。

情報の公開は、各NPOバンクのニュースレターを媒介にすると同時に、ホームページで行われる場合も多い。ａｐｂａｎｋの場合には、出資者と融資対象者が重ならない。出資者が三人の音楽家に限られているためだ。すると、他のNPOバンクのように、融資を受ける人が出資者のなかにいるという形にはならない。いわば見ず知らずの人に融資することになるのだから、返済リスクは大きくなる。そのため、ホームページでも契約書でも、融資の返済状況も含めてホームページ上で公開する旨を記載している。ａｐｂａｎｋから融資を受けようとする側には、融資を受けられたことを信用の証として利用する傾向がある。そこで、逆に負の情報も公開して、返済を確実にしようとする仕組みなのだ。

情報の公開は出資者側に対する安心や説明責任であると同時に、融資対象者への「信用の証」としても機能する。何でも公開しておけばいいというものではなく、NPOバンクの運営に資するかどうかを考慮する必要がある。組合員相互の信頼がNPOバンクの最大の長所であることを考えると、信頼を熟成できる仕組みづくりが成否を分ける分水嶺となるだろう。

〔田中　優〕

3　思いをつなげるNPOバンク——出し手と借り手の間にあるもの

1　応援団を可視化する

出し手・貸し手・借り手の存在

信頼し、自らの大切な金融資産を預けてくれる預金者と、自らのアイデアを活かして事業を展開する事業者。金融とは、この両者がいて初めて成立する業だ。預金する側と借りる側をつなぎ、社会が求めるニーズに合わせた財やサービスを提供するために誕生した。それを生業とする金融機関は、自らの組織が培った信用力をもとに集めた資金を、社会のニーズと市場性とのバランスを取りながら循環させる機能、経済における血液といわれる資金を円滑にめぐらせる役割を担っている。

ＮＰＯバンクをはじめとする「市民出資・市民金融」は、資金の出し手（出資や寄付をする人びと）の「世の中を変えたい」「社会や環境に良いことに自分のお金を使いたい」という意思と、「自らの知恵や時間や能力を、社会をより良く、世の中をより暮らしやすくするために使いたい」

と考える「ソーシャル・アントレプレナー（社会起業家）」とをつなぐ機能をもつ。いわば、おカネという手段を使って、世の中の応援団（思いを同じくするもの＝同志）をつなぎ合わせる方法と言える。

個人や企業から資金を集め、必要な人に融資を行う。それ自体は、一般の銀行であってもNPOバンクであっても変わらない。市民による手づくり金融であるNPOバンクが一般銀行と異なるのは、資金の出し手（出資者）、借り手（事業者）、貸し手（NPOバンク）の三者に、社会を良くしたいという明確な意思がある点だ。

志のネットワーク

まず、資金の出し手にとって、NPOバンクはどのような存在だろうか。

出資者にとって、NPOバンクは、自らの「世の中がこうなってほしい」「世の中をこう変えたい」という意思を反映させる、ひとつの手段である。もちろん、一口に意思と言っても、その内実はさまざまだ。たとえば、NPO活動やコミュニティ・ビジネスの意義には賛同するが、身体と時間を使ったボランティア活動を行いにくいので、出資によって事業を応援するケースがある。また、自らの資金を使い道の明らかな預け先に預けたいという場合や、地域経済の疲弊を危惧し、コミュニティの活性化につなげてほしいと考える場合もある。

共通しているのは、NPOバンクという新しい仕組みに共感と信頼をもち、自らの資産を出資していることだ。寄付文化やボランティア意識に乏しいと言われる日本だが、自らの資産を世の中を良くするために使いたいと考える層は確実に存在する。たとえば、首都圏の五〇代～六〇代の住民に対して行なったアンケートでは、市民出資に「関心がある」と回答した人は、全体の二三・一%にのぼる。[1] また、別のwebアンケートでは、NPO法人や社会起業家が資金調達を行う際に、「一般の人が共感したときに寄付や出資などで支援すべき」と回答した人は、三八・二%であった(複数回答)[2]。

次に、資金の借り手にとってのNPOバンクの存在を考えてみたい。

事業者にとって、NPOバンクからの融資は数ある資金調達手段のうちの一つだ。近年の民間非営利活動団体の増加に伴い、NPOやコミュニティ・ビジネスを対象とする資金支援制度は、助成・融資問わず増加傾向にある。また、行政を中心に補助・委託も、良し悪しの議論はともあれ拡大している。この意味では、NPOやコミュニティ・ビジネスを起こそうとする事業者はミッションに合わせた資金調達手段を戦略的に考えていく必要があると言えよう。

そうした事業者にとって、NPOバンクは、一般金融機関がなかなか融資しない事業や、実績に乏しい事業であっても、融資対象となる可能性をもつという意義がある。ただし、それだけでは既存金融機関の補完にすぎない。

ＮＰＯバンクが果たす積極的な意義は、融資を受けた事業者が社会的意思をもつ人びととつながる機会を得られる点にある。ＮＰＯバンクはしばしば、ウェブサイトやニュースレターを通じて融資先の活動紹介を行う。これによって、事業者のミッションと出資者の思いをつなげ、地域のなかで、あるいは地域を越えて、活動に共感する層を開拓する機能を果たしているのである。これは、ＮＰＯバンクのみならず、市民出資の形態をとるさまざまな手法に共通している。

ＮＰＯバンクの場合は、融資案件を広く募って社会的な課題を解決しようという思いをもつ事業を発掘し、それを応援したいと考える支援者とつなぐ。いわば、出し手と借り手をゆるやかに媒介する機能をもった仕組みである(北海道ＮＰＯバンクが北海道内のＮＰＯやワーカーズ・コレクティブを対象とし、東京コミュニティパワーバンク(東京ＣＰＢ)が東京都内に活動エリアを限定しているように、事業領域、法人格の種別、活動エリアなどに一定の制限はある)。一方、総額で約二五億円を集めた自然エネルギーファイナンス(3)。市民風車に代表される「この指とまれ」方式は、出資者の意思をよりダイレクトにプロジェクトの成功へつなげる形といってよい。

いずれも、出資という行為をきっかけに、潜在的な共感層を掘り起こし、その広がりをおカネを通じて可視化する機能をもっていると考えられよう。

NPOバンクへの出資金額

全国NPOバンク連絡会が把握している「NPOバンク」八団体への出資金額は六億八七七七万円だ(二〇〇七年一二月末現在)。**表1**に、日本のNPOバンクの出資金額をまとめた。一般からの出資を集めていないap bankを除くと、未来バンクが最大で一億六一四二万円、次に生活協同組合からの応援のある女性・市民信用組合設立準備会(WCC)の一億三四八四万円、東京コミュニティパワーバンクの九二八五万円と続く。

表1　日本のNPOバンクの出資金額

名　　称	出資金額
北海道NPOバンク	4900万円
未来バンク	1億6142万円
ap bank	1億円
東京コミュニティパワーバンク	9285万円
女性・市民信用組合設立準備会	1億3484万円
NPO夢バンク	1835万円
新潟コミュニティ・バンク	640万円
コミュニティ・ユース・バンクmomo	1645万円

　自治体や企業からの支援を得ているNPOバンクも登場している。北海道NPOバンクは、〇二年に北海道庁から一五〇〇万円の出資を、翌年には札幌市から五〇〇万円の寄付を得た。なお、北海道庁からの出資は、財団法人北海道地域活動振興協会を経由して行われている。他の事業者からの出資は五〇〇万円(うち四〇〇万円が連合北海道から)を超え、北海道越智基金[4]からは五〇〇万円の出資がある。長野県のNPO夢バンクは、〇四年に長野県から一〇〇〇万円の無利子貸し付けを得ている。

　NPOバンクの最大の特徴は、貸し出しの原資となる資金の集め方にある。ＮＰＯバンクは通常の銀行とは異なり、預金は取り扱えない。「ＮＰＯバンクやＮＰＯバンクの融資先に共感をもつ人」、すなわち支持者から出資金を集める。

一口あたりの出資金額は、各バンクによってさまざまだ。北海道ＮＰＯバンク、いわてＮＰＯバンク、未来バンク、ＮＰＯ夢バンク、新潟コミュニティ・バンク、コミュニティ・ユース・バンクｍｏｍｏは、一人一万円から出資が可能だ(個人の場合)。一方で、女性・市民信用組合設立準備会は一〇万円、東京コミュニティパワーバンクは五万円と、一口あたりの出資額が比較的高い。

こうした出資金額は、金融機関への預金額に比べれば微々たる額かもしれない。そもそも、ＮＰＯバンクは規模の拡大をめざすものではないから、出資金額の多寡を基準に発展を考えることはナンセンスかもしれない。とはいえ、各バンクがそれぞれに掲げる未来像に、自らの金融資産を投じようとする人びとが増加していること自体が、社会の大きな変化であると強調しておきたい。

2　金融のオルタナティブ・お金の地産地消・「レゾナンス」

未来バンクと女性・市民信用組合設立準備会は、設立の背景に既存金融システムに対する強い疑問がある。未来バンク設立のきっかけとなった田中優らの著作『どうして郵貯がいけないの?』(北斗出版、一九九三年)のタイトルに、その思いが表象されている。既存金融機関がつくってきた資金循環構造と、それがもたらす未来に対する疑問だ。女性・市民信用組合設立準備会も、九〇年代後半に多発した金融破綻をきっかけに誕生した。

一方で、地域社会の再生や、持続可能な地域づくりに向けた問題意識から生まれた組織もある。北海道NPOバンクは、地域課題の解決や地域資源の活用に取り組む市民団体を融資を通じて応援し、北海道を元気にすることを活動のミッションとしている。コミュニティ・ユース・バンクmomoのミッションは、地域の未来を担う若者たちによる「おカネの地産地消」を通じた、持続可能な地域づくりの推進である。東京コミュニティパワーバンクは設立趣旨書で、それぞれが助け合い、一人ひとりの力を十分に生かせる地域社会を自らの力で再びつくりあげることが必要だと述べている。

こうした各バンクの設立背景を考えると、NPOバンクが描く未来とは、「預けっぱなし」「任せっぱなし」だった未来を、金融資産の行き先をきっかけに考え直し、持続可能な社会システムをつくり出そうとするものだといえる。また、ap bankが言うように、資金の出し手と借り手をつなぎ、より良い社会をつくりたいという思いや志を、金融という仕組みを使って自然発生的に連鎖・共振(レゾナンス)させ、広げていく仕組みともいえるかもしれない。

3　融資の仕組み

融資までの流れ

ＮＰＯバンクは一般的に、「審査会」「審査委員会」と呼ばれる機関を内部にもつ。ここで応募者のやる気や熱意に加えて、事業性や採算性も厳しく審査される。

たとえば北海道ＮＰＯバンクの場合、融資審査は次のとおりだ。まず、融資希望者は事務局に融資の申し込みを行う。審査委員会は書面審査を実施し、面接の必要性について判断する。面接は担当委員二名が融資希望者と実施、あらかじめ決められた項目にしたがって融資の可否を検討する。その後で審査委員会を開き、多数決によって決定する。審査委員会の決定は理事会へ提出され、最終的な融資の可否について決められる。

一方で、東京コミュニティパワーバンクの場合、融資希望者は「融資申請書類受付表」を事務局に提出する。事務局は、提出された申請書類の不備などを点検し、財務諸表・事業計画・資金繰り表などとの整合性を確認する。そして、市民事業者や市民活動の経験者、金融の専門家などからなる「市民審査委員会」による書類審査・訪問調査・質疑応答などを経て、最終的な融資の可否判断を理事会が行う。また、事務局と市民審査委員数名で訪問調査を実施して報告書を作成し、市民審査委員会に提出する。

評価の視点

ＮＰＯバンクの特徴をもっともよく表しているのは、融資の方針や基準である。コミュニティ・ユース・バンクｍｏｍｏの場合、融資の対象を「豊かな未来を実感できる地域社会をつくる事業」とし、地域性、市民性、独自性、継続性、成長性、発展性、浸透性の七つをキーワードに審査基準を作成している。評価する際には、①組織面、②事業面、③財務面についてチェックリストをつくる（表2）。最終審査段階では、融資審査委員会が同様の選定基準に沿ってポジティブポイントとネガティブポイントを洗い出し、意見書を作成。それをもとに理事会で融資先を決定する。

表2　コミュニティ・ユース・バンクmomoの評価チェックリスト

組織面	団体の理念 経営者の資質・経歴 ソーシャルキャピタルの状況 スタッフ・ボランティアの状況 組織としての責任体制 法令順守の状況 法的リスクの有無
事業面	資金需要と用途 事業に関する知識・経験・情報 製品やサービス マーケティング力
財務面	財政状態 収支計画 会計業務 返済計画 連帯保証人

東京コミュニティパワーバンクでは、市民審査委員会が審査を実施する際のチェッ

ク項目として、事業的視点（事業の目的、コミュニティとのネットワーク、専門性、顧客分析の有無など九項目）・経営的視点（役割分担、事業の計画性、設備資金の適当さ、事業利益の見通しなど一〇項目）・財務的視点（最終利益の妥当性、財務担当者の有無、専門家とのつながりの有無など六項目）をあげている（表3）。審査の際は、この視点に従って、それぞれ一～四点で評価する。ただし、これらはあくまでもチェックの際の視点であり、点数の良し悪しによって一律に融資の可否を判断するわけではないという。

一方で、審査の際の詳細な基準を決めず、融資審査委員の専門的な見地からの判断を重視するＮＰＯバンクもある。こうした場合にも、事業性と社会性を融資審査委員が確認し、志のある資金を有効に使えるように審査する点に違いはない。女性・市民信用組合設立準備会では、自己資金額、事業の継続性・採算性など事業性の側面に加えて、地域社会への貢献や起業の意思、同会への理解についても、評価の観点としている。

このように、いずれの団体も自らのミッションや描く未来像に合わせて評価の基準を決め、それに応じた制度設計を行なっている点が、ＮＰＯバンクならではの特徴と言えよう。

表3　東京コミュニティパワーバンクの審査チェックリスト

項目		
事業的視点	1	目的は明確か(社会性を含んでいるか)
	2	社会状況との適合性はあるか
	3	コミュニティとのネットワークは存在するか(地域密着型か)
	4	専門分野の獲得機会があるか(研修など)
	5	危機意識は高いか
	6	顧客分析はできているか
	7	自社分析はできているか
	8	競合の分析ができているか
	9	経験とノウハウはあるか
合計点		
経営的視点	1	役割分担ができているか
	2	ルールは明確か
	3	ツールが整っているか(インターネット環境など)
	4	事業の計画性はあるか
	5	設備資金は適当か
	6	人材の確保は妥当か(専従・パートなど)
	7	商品やサービスの価格帯は妥当か
	8	事業利益の見通しが立っているか
	9	新規事業の取り組み意欲はあるか
	10	リスク管理体制が整っているか
合計点		
財務的視点	1	金融機関との取引はあるか
	2	最終利益は妥当か
	3	予想収益と予想支出は妥当か
	4	財務担当者はいるか(財務折衝能力はあるか)
	5	税理士・公認会計士などの専門家とのつながりはあるか
	6	事業報告書はしっかり記載されているか
合計点		
総合計点		

(注) それぞれの項目を1～4点(4点：かなりよい、3点：よい、2点：改善の余地あり、1点：至急改善必要)で評価し、最終合計値を確定する。合計25項目で、満点は100点。

4　社会に必要な活動を支えるために

NPOバンクの戦略

融資の基準を厳格にすればするほど、NPOバンクが対象にできる融資案件は限られる。一方で日本のNPOやコミュニティ・ビジネスの現状を見ると、初めから事業の熟練度が高いケースは稀だ。多くの場合は、事業を進めるなかで悪戦苦闘しながら成長していく。彼らにとっては、もっとも苦しいときに頼れる存在がほしいというのが本音だろう。

最近では、中央労働金庫(関東地方の一都六県と山梨県がエリア)、近畿労働金庫の「NPO事業サポートローン」[5]を皮切りに、NPO法人向けやコミュニティ・ビジネス向けのローン商品の開発に取り組む金融機関も登場している。NPO法人へのつなぎ融資に取り組む信用金庫など地域金融機関も、少しずつながら増えてきた。こうした機関とNPOバンクとの役割分担も考えていかなければならない。とはいえ、志ある資金を預かる立場からすれば、あまりにリスクの高い案件にばかり対応するのも考えものだろう。

こうしたむずかしい状況のなかで、現在NPOバンクが取っている戦略は二つある。ひとつはプログラムの複線化、もうひとつは「貸しながら育てる」ことの実践だ。

プログラムの複線化

北海道ＮＰＯバンクは二〇〇七年二月から、「ＮＰＯ出世払いローン」と「ＮＰＯ人づくりローン」を始めた。前者は、設立準備中のＮＰＯ法人を対象に、事業が軌道に乗るまでの二年間の返済猶予をつけた融資プログラムである。後者は、融資金額は五〇万円までと小額なものの、ＮＰＯ法人で働く人に着目した新しい融資プログラムである。融資を希望するスタッフが所属するＮＰＯ法人と、北海道ＮＰＯバンクが契約する形を取って、無担保・無保証人の融資を可能としている。

また、東京コミュニティパワーバンクでは「ともだち融資団」を導入している。これは出資者側と融資を受けたい実践者との意思をつなぐ仕組みで、出資を表明する賛同者が四人以上いた場合に「ともだち融資団」を設立すれば、通常よりも〇・五％低い金利で融資が受けられる。グラミンバンクの編み出した互助グループにヒントを得て始めたという。活動を支えたい出資者の意思と、活動を行いたい実践者の意思をより明確に結びつけることができる方法のひとつと言えよう。

さらに、未来バンクでは一九九八年に、通常の融資枠では収益性の面でリスクが高い案件や規模の大きすぎる案件に対して融資の道を開く「特定担保提供融資」をスタートさせた[6]。

こうした手法の開発は、運営の健全性と融資ニーズとのバランスを考えた結果生まれたものと考えられる。

「貸しながら育てる」の具現化にむけて

一方で、支援したい対象をしぼり、融資先とともに育っていこうと考えるＮＰＯバンクもある。コミュニティ・ユース・バンクｍｏｍｏの融資先へのかかわり方を見てみよう。

コミュニティ・ユース・バンクｍｏｍｏは、「地域の自立のために循環するおカネ」「持続可能な未来をつくる金融」をめざして活動している。そもそも東海三県（愛知・岐阜・三重）の若者たちの、持続可能な社会づくりを応援したいという思いから始まった。持続可能な未来には、持続可能な小地域の存在が不可欠であり、そのための担い手を応援しようというのが基本的な姿勢である。融資実績は三件、融資原資は〇八年二月現在で一九七二万円と、決して大きな規模ではない。しかし、「顔の見える関係」を重視し、「融資先とともに育つ」という発想が色濃くある。

実際に、「ｍｏｍｏレンジャー」と称してボランタリーにかかわる東海三県の若者を募っている。そして、融資先を訪問したり招いて活動を学んだり、ブログを通じて活動を紹介したり、ボランティア同士が出会える場をつくったりしてきた。

戦略性が求められている

イギリスやアメリカでは、営利金融機関に地域社会への資金供給を行うことを義務づける地域再投資法（Community Development Act）が制定されていたり、政府に認定されたコミュニティ開発金融機関（ＣＤＦＩ＝Community Development Financal Institution）に投資を行う個人や企業に対して税制上の優遇措置を行う地域投資優遇税制（CITR＝Community Investment Tax Relief）をもつ(7)。これに比べて日本では、市民主導の非営利金融機関の法的位置づけは曖昧であり、公的サポートも少ない。しかし、だからこそ、ＮＰＯバンクは、どんな団体に融資すれば出資者の思いを形にできるか、資金や運営のサポートをどのタイミングで行うか、といった戦略性が求められている。

環境省は〇七年度、環境問題の解決に向けた役割の発揮が期待される環境コミュニティ・ビジネスを支援・育成する手段のひとつとして、「コミュニティ・ファンド」に着目した調査を行なった(8)。この調査は、環境面・経済面・社会面からの評価手法の確立、市民主導の非営利金融の特性を活かした環境コミュニティ・ビジネスのサポート方法の確立、運営ノウハウのパッケージ化を検討の視点としている。そして、未来バンク、女性・市民信用組合設立準備会、コミュニティ・ユース・バンクｍｏｍｏ、北海道ＮＰＯバンクが、それぞれモデル事業を行なった。

ここでは詳細には立ち入らないが、報告書では、①コミュニティ・ファンドが果たすべき支援機能の明確化、②環境コミュニティ・ビジネスへのかかわり方やスタンスの整理、③コミュニティ・ファンドの運営方策の検討、④コミュニティ・ファンドの地域内でのネットワークの強化や信頼性の向上、⑤融資先の開拓、⑥社会制度面での整備が、今後の検討課題としてあげられている。

ＮＰＯバンクが、現場で悪戦苦闘するコミュニティ・ビジネスの実践者をどう支えていくべきか。その解答はまだない。また、運営上の基盤確立をどう進めていくか。自らのミッションと融資リスクやコストとのバランスをどうとるべきか。まさに、実践を重ねながら検討していく段階にあるといえる。

「持続可能な未来のイノベーター」として活動するＮＰＯバンクが果たす触媒機能は、決して小さなものではない。第4章にあげられているとおり、世界各国で非営利金融やソーシャル・ファイナンスの潮流を発展させる社会的な基盤整備が進みつつある。ＮＰＯバンクが自分自身のキャパシティ・ビルディングを行なっていくと同時に、市民出資と市民金融に関する基盤整備に向けて議論を深めていくことが求められるだろう。

（1）野村総合研究所「高齢者の金融資産の有効活用及び社会的責任投資等への資金流入の可能性に関する調査」二〇〇六年、二七ページ（回答者数一四九一名）。

(2)三菱UFJリサーチ&コンサルティング「ソーシャルエコノミーの持続的発展に資する新たなスキームと社会制度に関する調査」二〇〇七年(回答者数二一五九名、男女ほぼ同数)。
(3)有限責任中間法人自然エネルギー市民基金「自然エネルギー事業のファイナンス初心者ガイド」四ページ、参照。
(4)北海道に在住していた個人の遺産の一部寄贈によって生まれた基金で、一九九九年以降、年間二〇〇万円前後の助成を実施している。二〇〇二年一二月「北海道NPO越智基金」としてNPO法人格を取得した。
(5)金融機関としては初めてNPO法人向けに開発された融資制度で、原則として任意団体の期間を含めて二年以上活動しているNPO法人を対象に融資を行う。二〇〇〇年に始まり、無担保の場合は一〇〇〇万円以内、有担保の場合は担保評価の範囲内で融資し、資金使途は運転資金と設備資金である。
(6)詳細は四〇~四一ページ参照。
(7)詳しくは第4章2、3参照。
(8)「平成一九年度コミュニティ・ファンド等における先進的取組事業選定及び実施状況調査業務報告書」二〇〇八年三月、環境省。この調査では、環境や社会に配慮した活動に役立てたいという意思をもつ市民から資金を集め、コミュニティ・ビジネスに対して投融資を行う仕組みを、コミュニティ・ファンドと呼んでいる。

〔水谷衣里〕

第3章 日本のNPOバンク

1 さまざまなNPOバンク

1 地域社会をよくする相互扶助金融●女性・市民信用組合設立準備会

設立のきっかけ——二つの出来事

女性・市民信用組合設立準備会の設立には、二つのきっかけがある。

一つは、銀行や金融システムへの不満や疑問だ。バブルの崩壊後、銀行と総会屋の癒着、大蔵省の接待に関する不祥事など、次々に金融をめぐる事件や不祥事が明らかになる。銀行や信用組合の破綻も続いた。

私たちは、金融機関は本来どうあるべきかと、あらためて金融行政や銀行・郵貯について考え始めた。調べていくと、銀行のおカネは大企業に優先的に貸し出され、郵貯は環境破壊につながる公共事業やODAに使われている。ところが、「おかしい、反対」といくら叫んでも、実際にはおカネを通じてそれらを支援していることになってしまう。かといって、タンス預金では、問題は解決しない。長い間おカネを金融のプロ集団に任せっきりにしてきた自分たちの態度も、反省しなければならない。

もう一つは、ワーカーズ・コレクティブ（ワーコレ）などで市民事業を行う女性たちが、金融機関から不足資金を借りられなかったことである。さまざまな理由がつけられた。担保となる土地や家がない、事業は成功するのか、あなたの夫だったら貸せる……。女性たちは、擬似私募債（理解ある近しい人びとに債券を買ってもらうという資金の調達方法）を発行したり、生協から借り入れたり、苦労しながら資金を集めるしかなかった。こうした形で神奈川県内のワーコレが調達した保育室、パン屋、印刷、レストラン、仕出しなどの立ち上げ資金や運転資金は、一九八五年から九四年までの九年間で、二三件、九四〇〇万円に及んだ。

「私たちを信用しておカネを貸してくれる銀行がほしい」というのが、女性たちの思いだった。こうして私たちは、市民がおカネを出し合い、支援したいところに融資する、透明性の高い、相互扶助や非営利の理念を柱にした小規模な銀行である信用組合をつくることにする。

遅々として進まない折衝

九六年三月に世話人会を結成し、検討を始めた。当時、信用組合をつくるためには都道府県の「認可」が必要であり、中小企業等協同組合法などに照らして知事が判断する。そこで、神奈川県金融課との折衝を開始する。そのために、銀行勤務経験者を募集し、都市銀行の元支店長や地方銀行の店舗業務経験者がスタッフに加わった。

ところが、県の金融課には信用組合の申請に必要な書類の様式がなかった。「信用組合設立は当分の間認めない」という六八年八月に大蔵省から出された信用組合基本通達によって、外国系を除いて二八年間も信用組合はつくられてこなかったからである。様式がないまま、私たちは定款案や三年分の事業計画書など必要といわれる書類を作成して、提出していく。生活クラブの運動グループ約六八〇人にアンケートを取り、事業計画書の預金や借り入れに反映させた。だが、折衝は遅々として進まない。提出した書類についての見解さえ、なかなか出ない。

事業計画書の数値については、「アンケートは参考でしかない。借り入れ需要がたしかにあるという根拠、たとえば統計資料などから説明できる論理的根拠が必要」という。しかし、そうした統計資料があるとは思えなかった。当時はNPOという言葉も一般的ではない。そもそも、市民事業に対して金融機関が融資をしていなかったのだから。

貸金業による融資と信用組合づくりを平行して進める

そこで、私たちは決心した。資金の出し手も借り手もたしかにいるという実績を自分たちでつくるしかない、と。それは、信用組合のように預金は扱えないが、出資金によっておカネを集め、出資者のみに融資する、昔の頼母子講や無尽《むじん》のような相互扶助の仕組みである。

こうして、信用組合設立認可の折衝は継続しながら、平行して現代版無尽を実践することにした。信用組合の設立認可に必要な基本事項は、三〇〇人以上の賛同者と二〇〇〇万円以上の出資金である。目標を賛同者一〇〇〇人、出資金(一口一〇万円)一億円とし、九八年一月に募集を開始した。すると次々に賛同者と出資金が集まり始めたが、そのおカネを銀行に預けていては、事態は変わらない。このおカネを融通しあい、実績を積み上げていかなければ、借りる人びとがたしかにいるという証明にはならない。

九八年八月に貸金業WCBを登録。融資審査委員会をつくり、融資希望者を募った。融資第一号は横浜市瀬谷《せや》区で認可外保育室二園を運営する「ワーカーズ・コレクティブさくらんぼ」。二園目の開設時に発行した私募債の借り換え費用三五〇万円を、一二月に融資した。この時点で、賛同者は三〇〇人を超え、出資金は五二〇〇万円になっていた。以後、賛同者と出資金は増え続けていく。おもな融資先は、リサイクル・ショップの起業資金、レストランの開業資金、高齢者住宅の改装資金、環境共生住宅のつなぎ資金などだった。

二〇〇〇年四月、国の機関委任事務として都道府県に委任されていた信用組合の設立認可が、国(金融監督庁、後に金融庁)の直接監督に戻り、折衝の窓口は大蔵省関東財務局横浜事務所に変わる。だが、「借り入れ需要の具体的証明」の必要性は変わらなかった。一方、デフレの進行によって、当初作成した信用組合事業計画の利ザヤ(預金と貸し付けの金利の差)が薄くなり、事務ガイドラインが求める「開業三年間での単年度黒字見込み」はむずかしくなる。

そこで、信用組合設立の旗はおろさないが、デフレが収束してインフレに転じるまでは、賛同者や出資金、融資実績を伸ばすことに重点をおき、その間にさまざまなノウハウを積み上げていくことにした。

融資の審査とおもな分野

〇八年三月には、賛同者は個人と団体を合わせて四九一人、出資金は一億二五二四万円に増えた。出資金だから、元本は保障しない。配当も行わない。賛同者の多くは友人・知人からの口コミで、ほとんどが神奈川県民だ。他県在住者は融資対象外だが、「自分のおカネを納得できるところに融資してほしい」という理由で、三〇人近くが賛同してくれた。賛同者の九割は女性で、男性が少しずつ増えている。妻から「退職金を社会貢献にあてたら」と言われ、かなりの額を出資した男性もいた。また、あるＩＴ関係の企業は、社会貢献の一環として出資している。

融資の累計は一〇一件、三億八二二七万円。神奈川県内に在住する個人と、事業所のある団体が対象で、女性を優先している。それは、現在も女性がお金を借りにくい状況は変わっていないからだ。これまでのところ、貸し倒れは一件も発生していない、延滞は最高が五日。

融資の決定は、審査委員会の全会一致が原則である。審査委員は、市民事業や生協活動、福祉事業などにかかわってきた現場がわかるメンバーで、金融関係者は一人もいない。審査のポイントは、その事業が地域社会の役に立つかどうかに加えて、資本金の構成、市場調査の結果、支援者の存在、運営が民主的か、事業が拙速ではないかなど。最終的な判断は、事業の採算性と継続性である。

こうした観点で審査した結果、事業の意義は高くても融資できなかったケースもある。それは、事業計画とＮＰＯ法人格の取得、メンバー募集が同時並行で進んでいた高齢者向けレストランの開業資金の融資審査だ。レストラン事業は、立地条件、価格、原価率、メンバー確保、ランチの回転率などがポイントになるが、いずれも不安材料が多かった。再考を促したものの、計画は変更されなかった。結局、そのＮＰＯは他から資金を調達して開店したが、わずか八カ月で閉店している。審査委員会の判断は的確だった。

融資資金の使途は、開業・開設資金、運転資金、その両方がそれぞれ三分の一ずつである。つなぎ資金は、これまでのところ一件だ。

融資先の分野で一番多いのは高齢者福祉で、約四分の一(図1)。内容は、デイサービス施設の開設資金や運転資金、グループホームの開設資金、移動サービスの車椅子対応車購入資金、独身寮を高齢者住宅に改装する際のエレベーター設置費用、弁当配達車両の購入資金などだ。

次がリユース事業で二一％。アジアの女性たちの自立支援を目的とするリサイクルショップ

図1　分野別の融資実績(2008年8月末)

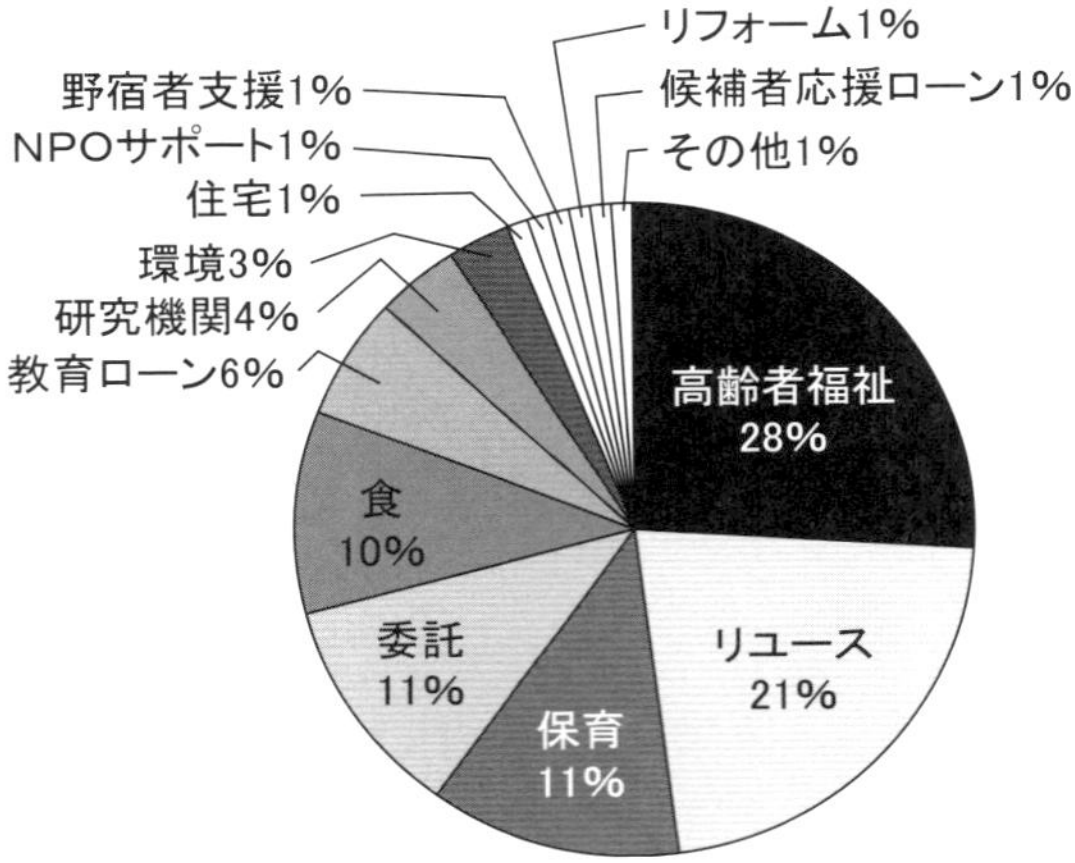

の開設資金で、神奈川県内の店舗数は約五〇になる。このほか、保育所の開設資金、生協の共同購入品配送を請け負う運送事業、野宿生活者の自立を支援するための独身寮改装資金、化学物質過敏症患者の療養施設建設地の購入資金、環境問題を学べるエネルギー・カフェの開業資金、太陽熱温水システムのモニターへの設置費用など多岐にわたる。

　私たちは信用組合設立の旗を掲げつつ、相互扶助金融を行なってきた。こうした金融システムは多くの人びとに待たれていたし、地域社会を良くするために役立っている。しかし、ていねいに審査を行うために時間がかかる。また、多くのボランティアワークで成り立っているが、低利であるために、運営は楽とはいえない。欧米のような金融ＮＰＯを支援する制度がつくられることを、今後は求めていきたい。

〔向田映子〕

2　行政と市民活動の〈健全な〉なれあい●北海道ＮＰＯバンク

三位一体の構造

名前のつけ方からしてローカルだし、夢もロマンもなさそうな名称だが、長い市民活動の蓄積と、その実績が行政を動かしたという背景があっての名称だ。簡単に言えば、行政と市民活動の〈健全な〉なれあいである。冒頭から危ない話題だが、市民と行政の協働（パートナーシップ）は、正しいなれあいと表現するとわかりやすい。そんな行政と市民活動のつきあいを十分に理解して出発したのが、北海道ＮＰＯバンクだ。

未来バンクやコミュニティ・ユース・バンクｍｏｍｏほどアピール度はないが、北海道ＮＰＯバンクには正当派の伝統がある。一九六〇年代の異議申し立て文化を共有したメンバーたちはやがて、政治的には停滞期をむかえる。そして、市民活動の新たな潮流、すなわちコミュニティ・ビジネスと政治社会変革の学習活動のなかから、生み出された。

市民活動には仲間が必要であると同時に、何をやるにもおカネが必要だ。おカネの苦労は、市民活動やボランティア活動に真面目に取り組んでいる者の共通の悩みだった。たまに助成金をいただいて食いつないでも、持続的活動への軌道が描けるまでには時間がかかる。一方で、経済低空飛行地帯の北海道は公共事業頼みで身動きがとれず、すがりつく先はなんと道民の市民活動という構造になってきた。そこで、市民活動を支援していくために、行政と市民活動団体が協働で、ＮＰＯ法人へ資金をまわす仕組みとして北海道ＮＰＯバンクを設立し、自らもＮＰＯ法人として全国最初のバンク事業に乗り出したのである。

北海道ＮＰＯバンクの他のＮＰＯバンクにない最大の売りは、次の三つの組織が三位一体となって構成していることである。それが、ＮＰＯ推進北海道会議（市民活動に関心をもつ学者、弁護士、市民活動家などにより九五年に結成。ＮＰＯ法人への融資の仕組みの必要性を訴えるアドボカシー活動を行なってきた）、団体の設立・運営・ネットワークの要になる北海道ＮＰＯサポートセンター、そしておカネ（資金）を用意できる北海道ＮＰＯバンクだ。

組織がたくさんできれば、利害が対立しやすく、連携は困難となるのが常である。だが、事務所が同じ場所なので情報の共有ができる。したがって、北海道地域のＮＰＯ法人関係者、団体の間の円滑なコミュニケーションの重層化が可能となり、人間関係のソーシャルキャピタル化が実現してきた。さらに、わがバンクのウェブサイトはＮＰＯバンク業界では屈指の公開性と情報量を誇っている（http://npobank.dosanko.org/）。

出資の仕組みと融資の特徴

出資者、借り手、ＮＰＯバンクの関係には、やや面倒な説明が必要だ。というのは、ＮＰＯ法には出資という概念はなく、出資者(個人・団体)はＮＰＯバンク事業組合(民法第六六七条に基づく任意組合)へ出資することになるからである。

ライブドア事件をきっかけに金融商品取引法で投資組合に対する規制が強化され、一般個人投資家を対象とする投資組合は金融庁に登録が義務づけられた。ただし、ＮＰＯバンクについては、出資者に配当を行わない条件で金融商品取引法の対象外となっている。このＮＰＯバンク事業組合が北海道ＮＰＯバンクに金利ゼロ％で資金を貸し付けし、北海道ＮＰＯバンクが各団体に融資する仕組みである。これについては、ＮＰＯバンクが即、出資を受けて融資もできるようにしてもらいたいという法改正の要望が出ている。

では、肝心の出資と寄付はどうなっているのか。私たちは北海道と札幌市から二〇〇〇万円の基金を提供され、民間側が過半数をクリアすべく二〇〇〇万円プラスαをかき集めて約四〇〇〇万円の出資金を確保し、二〇〇二年に法人格を取得してスタートした。その後、六年を経過した現在の原資は約五〇〇〇万円である。開始時期から二五％しか伸びていない。

しかし、融資は順調に推移して総額で約二億円に達し、累計融資件数も一二九件(〇八年八月現在)に達した。金利は二％、融資額は最大二〇〇万円だ。二期以上の事業実績がある団体は出資額の一〇〇倍、それ以外は二〇倍の金額が貸し付け限度額となっている。融資が伸びているのは、使い勝手がいいということであろう。

全体の約六割はつなぎ融資で、運転資金は四割弱である。一般融資以外にも、五〇万円を借りて三カ月で返す三カ月ローンや、出世払いローン、人づくりローンなど、小回りのきく融資メニューを用意している。おもな借り手は、介護保険事業にかかわる福祉系NPO法人、環境系NPO法人、障害者共同作業所、文化活動団体などだ。常連客も目立つようになってきた。

融資の手順については、上野昌美審査委員長（初代）の解説（北海道NPOバンク編『NPOバンクを活用して起業家になろう！―組織作りから資金調達まで』昭和堂、二〇〇七年、第5章1参照）に基づいて紹介しよう。

融資の特徴は、NPO法人によるNPO法人への相互的な資金提供にあり、それが融資に伴う「情報の非対称性」を取り除くことに結びついている。融資申し込みに際しては、NPOバンク事業組合に出資している組合員であることが要件となる。したがって、融資を申し込む団体については、北海道NPOバンク側でもNPO法人間のさまざまなネットワークを通じて何らかの情報を得られる場合が多い。これが融資の回収可能性を高くしている。加えて、前述したように融資額は最大二〇〇万円として、貸付金の小口化を図り、貸し倒れリスクを低くしている。

審査のポイント

北海道NPOバンクが地方自治体と緊密に連携し、基金を提供されているという特徴は、審査体制において受託責任に重点を置くことにつながっている。審査委員会を設けて審査の専門性を確保し、融資判定表を用いて審査項目の数値化を図り、客観性を確保しているのである。さらに、融資判定表をホームページで公開し、審査項目の内容や点数配分が周知されている。したがって、融資の申し込みを希望するNPO法人は事前に自己採点が可能となる。

融資判定表の点数配分(合計一〇〇点)は、書類審査が七〇点、面接が三〇点だ。書類審査点の内訳は、目的の社会性＝一五点、組織の状況＝一〇点、事業の状況＝四点、事業計画および実施体制＝一一点、財務状況＝一五点、資金繰り計画＝一〇点、連帯保証人(保証能力)＝五点である。面接点の内訳は、経営責任者の評価＝一〇点、経営チェック体制＝五点、事業の状況＝六点、事業実施計画および実施体制＝九点である。これら九項目の指標で複数の内容を細かく設定し、書類と面接をセットにして評価を行う。以下くわしく紹介しよう。

①組織

経営責任者の評価、経営チェック体制、人的な配置と設備状況が適切かどうかで評価する。

②事業計画および実施体制

次の六項目に細分化して評価する。(ア)短期・中期・長期の運営計画が明確か、(イ)事業を行う場所・時間・方法などは受益者のニーズを反映しているか、(ウ)事業遂行にあたっての業務分担や担当者が設定され、スケジュールが明確にされているか、(エ)事業実施の際に協力者とのコミュニケーションがとれているか、(オ)事業の進捗状況や予算の執行状況の確認体制、情報の共有体制は整備されているか、(カ)受益者から寄せられた意見や苦情に対応できる体制であるか。

③財務・資金

財務状況と資金繰り計画が返済能力を評価するうえで最重要ポイントである。財務状況は、損益、キャッシュフロー、借入金の適切性について評価する。NPO法人の場合、決算書は収支計算書と貸借対照表が主なものとなる。審査にあたっては、収支計算書では、収支の規模と内容を評価する。とりわけ収入の内容については、会費収入、寄付金収入・補助金収入、事業収入のバランス、支出の内容については事業費と管理費のバランスに注目している。貸借対照表では、総資産の規模、負債と正味財産のバランスに注目する。

④資金繰り計画

将来の収入と支出の予想なので、評価のポイントは北海道NPOバンクからの借り入れの必要性と返済の可能性である。机上で整合性のある資金繰り計画を作成することは容易だが、ポイントはそれが実際に遂行可能かどうかだ。この遂行可能性を支えているのが、目的と組織なのである。

⑤連帯保証人

融資に際しては、代表者に加えて一名の連帯保証人が必要である。融資のスキームを構築していく際に、連帯保証人の問題は最後まで議論があった。融資を広い範囲の団体に実施したいというミッションの観点からは、連帯保証人は制約要因となる。しかし、借り手の気軽な気分を抑制するうえでは、仮に名目であっても必要だろう。

これら以外にも、実際に事業所に出向いてヒアリングを行う場合もある。審査を担当した委員は審査レポートをまとめて審査委員会に報告し、関連資料とあわせて協議する。そのうえで、理事会で結果を報告し、決定していく。

つなぎの資金を融資してNPOの活動を支える

以下の事例解説は、佐藤はるみ審査委員の紹介（前掲『NPOバンクを活用して起業家になろう！』第5章2参照）に基づいている。加えて、同書のねおす理事長高木晴光さんのコラムは事業運営の裏舞台を知るうえで絶品なので、あわせて読んでいただきたい。

〇二年一〇月、北海道NPOバンクの第一回融資の募集に、NPO法人ねおすが応募してきた。ねおすの前身は、山登りが好きな仲間とつくった任意団体の北海道自然体験学校NEOSである。

その後、子ども向け自然体験型プロジェクトを定期的に開催し、続いておとな向け自然体験型プロジェクト「地球倶楽部」を始めた。加えて、自然ガイド、自然体験活動指導者の養成のための自然案内人養成コースを設け、自然体験活動を通じた専門家の養成や人材育成カリキュラムの一貫として研修生制度もある。一九九九年にNPO法人となり、自然体験を通じた都市と地方の交流促進、地域づくり、環境にやさしい持続的な観光などの事業を行なっている。

事業報告書を見ると、事業収入の半分以上が多くの自治体と協働して行う受託事業で占められていた。ねおすが現地にコーディネーターを派遣し、人材育成のコーディネートや指導を担当しているのである。

行政からの受託事業は、一般的に支払いが確実であり、安全と思われることが多い。しかし、事業が完了しても、請求書を提出してから入金まで通常一カ月以上かかる。また、契約にもよるが、完了までに中間払いや概算払いがなされるのはたいてい大規模な事業に限られる。小規模な事業の場合、一年間経費を立て替えざるをえないこともしばしばだ。さらに、エコツアーや人材育成など地域支援事業の場合、必要経費は人件費がほとんどを占める。年度末の決算時には赤字を出さずにすんでも、事業を遂行する過程において運転資金が枯渇する事態が生じやすい。

ねおすの融資申込理由も、こうした事情を反映した運転資金の調達であった。つなぎの資金がなければ資金ショートに直面する可能性があるため、申し込んだのである。融資を受けた結果、資金不足を補えた。

金融機関間の協働

現在、信用金庫、労働金庫、日本政策金融公庫（旧国民生活金融公庫）をはじめ金融業界も社会貢献をめざす事業運営を重視し、融資条件を弾力化してきている。そうしたなかで、北海道NPOバンクの体力からすると、融資額は少額で、本格的な事業展開には対応できない。一方で借り手に対するアンケート結果をみると、融資上限額の希望額は四〇〇万円、六〇〇万円が約六割に達している。実際に事業を展開している団体にとって、二〇〇万円では使いにくいのだ。ただし、融資上限額を引き上げると、原資の関係上、申込件数を抑えなくてはならない。

この問題を解決するためには、金融機関間の協働が必要だろう。北海道NPOバンクの理事会は設立当初から、組織間連携の一環として北海道ろうきんから理事の派遣を受けてきた。そして、判断のむずかしい発足時の団体への融資や小規模な団体の融資は北海道NPOバンクが対応し、より多額の融資を必要とする団体は北海道ろうきんへ紹介することで資金需要に応えている。金融機関がそれぞれの特性を活かし、協力しながら、市民セクターへ資金を供給していく地域金融システムを近い将来、実現したい。

信頼関係と情報で貸し倒れを防ぐ

最後に、失敗に学ぶという意味で、貸し倒れのケースについてもふれておこう。前述したとおり融資に関しては専門家が面接し、必要に応じて事業所に出向いてヒアリングも行なっている。それでも、融資の返済を踏み倒されるケースが起きたのである。先方は一切交渉に応じず、裁判では口頭弁論に出頭せず、答弁書も出さない。結局、〇八年二月末の裁判で返還請求の判決を勝ち取った。

こうした場合、北海道ＮＰＯバンクは当然、出資者への説明責任がある。私たちは、役所流の審査基準の厳格化という見直し方針はとらず、審査委員会と理事会のメンバー構成を分離して、完全独立させた。審査委員会は、あくまで客観的に、可能性のあるケースには融資可という判断を下す。理事会は、審査委員会の審査内容を受けて、基本的にはできるだけ融資を円滑に行う。ただし、活動や運営に疑問が出された場合は、周辺情報をできるだけ参考にして、不適切な申請ケースをブロックできるように務めるようにしたのである。

北海道ＮＰＯバンクは、市民同士が互いに助け合いながら資金を融通し合うという理念をもつ。融資にあたっては、あくまで性善説に立ってできるだけ機会を提供する組織であり、銀行のような細かな審査条件の設定はなじまない。そこに、前述の詐欺もどきのような事件が発生した背景もある。

それだけに、仲間による情報のネットワーク、貸し手と借り手の間の信頼関係が重要になる。融資先団体、かかわりのある諸団体と密接なコミュニケーションを取り、貸し倒れを防いでいく。なにより、NPO法人の健全な運営はNPO法人自身が支えていることを忘れてはならない。

〔杉岡直人〕

3　市民による市民のための金融システム●東京コミュニティパワーバンク

正式名称に「バンク」は使えない

二一世紀を目前にした二〇〇〇年、私が所属する生活クラブ生協と、その関連する運動グループ(東京・生活者ネットワーク、東京ワーカーズ・コレクティブ協同組合、NPO法人アビリティクラブたすけあい)は、二一世紀を市民が主役の時代にするための新たな仕組みづくりを進めていた。私が参加していたのは、その一つであるコミュニティファンドプロジェクトだ。

一九八〇年代に、メンバー誰もが出資者であり、経営者であり、労働者であるという新しい形の市民事業、ワーカーズ・コレクティブが東京都や神奈川県に生まれた。雇われるのではなく、自分らしく働きたいと願う女性たちが、少額の出資金とさまざまな技能を持ち寄ってつくったのだ。弁当屋、パン屋、農産物の加工、福祉サービス、保育、生協業務の受託、編集企画など、多岐にわたる事業は全国に広がり、いまでは四五〇以上を数える。自ら生活する地域で起業し、地域に根ざすことをめざしている。

しかし、事業の持続にはいつも「おカネ」の問題がついてまわった。いくらやる気があっても、資金がない。銀行は、担保のない女性やNPO法人に融資するのを渋った。それなら、市民による市民のための金融システムをつくろう。こうして、約二年の準備期間を経て、〇三年九月に設立総会にまでこぎつける。だが、よちよち歩きの私たちに、その後直面するさまざまな課題の予測など、できるはずもなかった。

地域の元気を引き出す銀行にしようという気持ちから、名前は「東京コミュニティパワーバンク」とした。ところが、東京都から「銀行ではないのだから、バンクと名乗ってはいけない」という指導を受ける。やむなく、略称の「東京CPB」とした。

私たちの組織は、銀行になるためには規模が小さすぎた。しかも、大手銀行の不祥事が相次ぐなか、新設の認可などありえない。そこで信用組合を検討したが、神奈川県で設立をめざしている女性・市民信用組合の認可は難航していた(九六ページ参照)。結局、サラ金と同じ貸金業者になって融資を始めるしかなかったのだ。その結果、第5章2でくわしく述べられているように、金融商品取引法や改正貸金業法の規制対象となってしまう。非営利組織の適用除外は認められたものの、指定情報機関への強制加入などの課題がいまも残っている。

殺到するだろうと思った融資の申請は、最初の〇四年が五件、〇五年が二件、〇六年が三件、〇七年が五件、〇八年が三件(八月まで)と、意外に少ない。電話相談も含めた問い合わせはこの四〜五倍はあったが、多くは申請書を提出して審査を受けるまでに至らなかった。ニーズが少ないし、不当に法律でしばられるのだからやめてしまおうかと弱気になると、不思議と「おカネを借りたいのですが」と連絡が入る。社会を変えようと地道に活動している人たちとの出会いに心機一転、市民の非営利金融の使命をまっとうすべく奔走する。そんな繰り返しで五年が過ぎた。

目的と組織

第一の目的は、市民事業に市民のおカネを融資し、地域の暮らしを豊かにすることだ。NPO法人はじめ非営利の市民事業の多くが資金調達に悩んできた。市民がおカネを出し合って市民事業を応援し、出し手と借り手がともに豊かな地域社会をつくることをめざしている。

第二の目的は、自分のおカネの行き先を自分で決められるようにすることだ。金融機関の役割はいうまでもなく資金の循環だが、一般の銀行に預けたおカネの行き先を私たちは知らない。環境破壊や武器製造企業に投融資されているかもしれない。自分のおカネの行き先を自分で決められなければ、社会は変わらない。

組織は会員制だ。出資をした人・団体が会員となり、融資を希望する会員に融資する。会員同士の助け合いという協同組合の考え方がベースになっている。一口五万円で、個人は一口以上、団体は三口以上の出資で会員になる。毎年、総会を開催する。議決にあたっては、出資金の口数にかかわらず、一人一票だ。四半期に一度、ニュースレターで活動や融資先の紹介などを行なっている。融資対象は東京都に住む市民と事業を行う団体だが、いまのところ融資は団体のみが対象だ。私たちの資金力と審査経験はまだ十分とはいえず、自ら制限している。

融資の仕組み

これまで一四件に融資してきたが、うち一件が焦げ付くという事態を〇五年に起こした。出資者の大切なおカネを預かる私たちに、二度と同じ失敗は許されない。この経験を教訓に議論を重ね、融資基準や審査方法などの改善を行なった。団体の地域密着度やネットワークをさらに重視することにより、それ以降の不良債権は発生していない。〇八年八月現在の融資概要を以下に示す。

①融資額――出資金の一〇倍まで、一〇〇〇万円以内。
②金利――通常二・五％、ともだち融資団二％、つなぎ一・五％。
③返済期間――通常五年以内、つなぎ一年以内。
④保証・担保――無担保、連帯保証人二名以上。
⑤手数料――申請手数料五〇〇〇円、審査料(二〇〇万円を超える場合一万円)

融資の審査にあたっては、ミッション・財務・組織運営・情報公開・ネットワークの五つがポイントだ。このすべてに合格点がつくことはあり得ないが、どれか一点でも不明確だったり心配な場合はお断りし、理由を伝える。東京ＣＰＢの目的は、市民のおカネを地域で循環させること。確実に返済してくれると判断できなければ、融資はできない。

審査は、書類審査・訪問審査・面談審査の三段階だ。ここまでは市民審査委員会が行い、最終的には理事会で決定する。さらに、半年後に見回り訪問を行い、融資が有効に活かされているかを確認している。返済が終わっても、会員であるかぎり交流は続く。

融資額はすでに述べたように出資金の一〇倍が上限だから、融資希望者は希望額の少なくとも一〇分の一の出資金が必要になる。だが、それが調達できないＮＰＯ法人などがある。

そのために、四人以上の賛同者つまり友人とグループをつくり、出資金を補完する独自の制度をつくった。これを「ともだち融資団」と称している。返済できない場合は賛同者の出資金が戻らないので、賛同者は事業を積極的に応援し、返済に協力する。貸し手のリスクは軽減されるので、金利を通常よりも〇・五％低くしている。賛同者を含めて五人を一組にするこの制度は、バングラデシュのグラミンバンクにならった。これまでに、融資先の五件が利用している。

出資した人と運営する人

二〇〇四年に慶応大学の学生が、「東京コミュニティパワーバンクにおける出資者の意識に関する調査」を行なった（当時の出資者五五七名。有効回答者は一三六名）。そこから、いくつかの結果を紹介しよう。

表1のとおり、出資者の九三％は女性であり、多くは生活クラブ生協の組合員だと想定される。出資を決めた理由は、「設立目的に共感した」「社会的に意義のあるお金の使い方だ」が多くを占め（**図1**）、

表1　出資者の性別と年代

性別	男性	10名（7.5%）
	女性	123名（92.5%）
年代	30代	2名（1.5%）
	40代	27名（20.5%）
	50代	62名（47.0%）
	60代	30名（22.7%）
	70代以上	11名（8.3%）

（注）無回答は性別3名、年代4名。
（出典）「東京コミュニティパワーバンクにおける出資者の意識に関する調査」慶應義塾大学金子郁容研究会CWCプロジェクト、2004年。

図1　出資を決めた理由

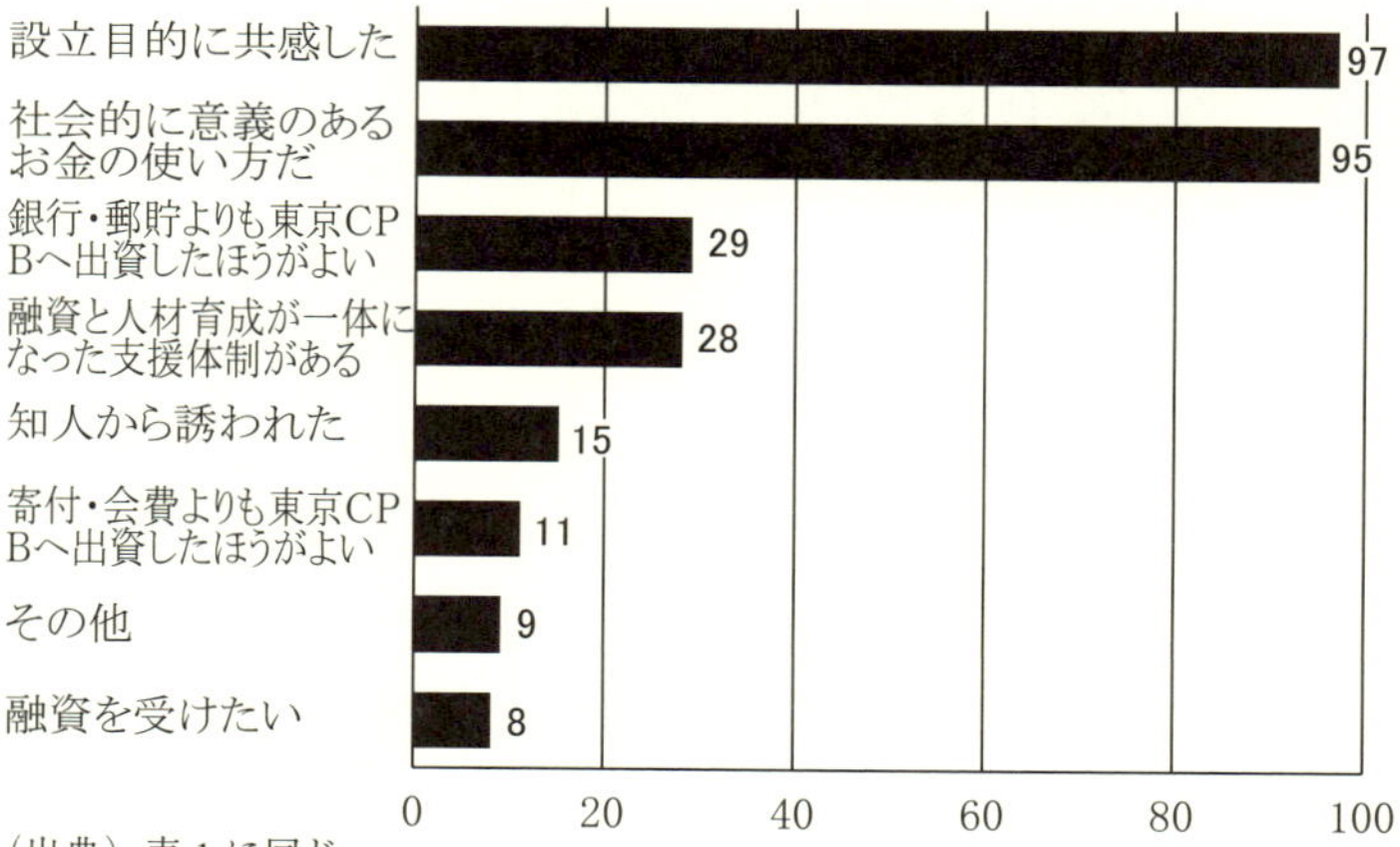

（出典）表1に同じ。

図２　出資金の感覚

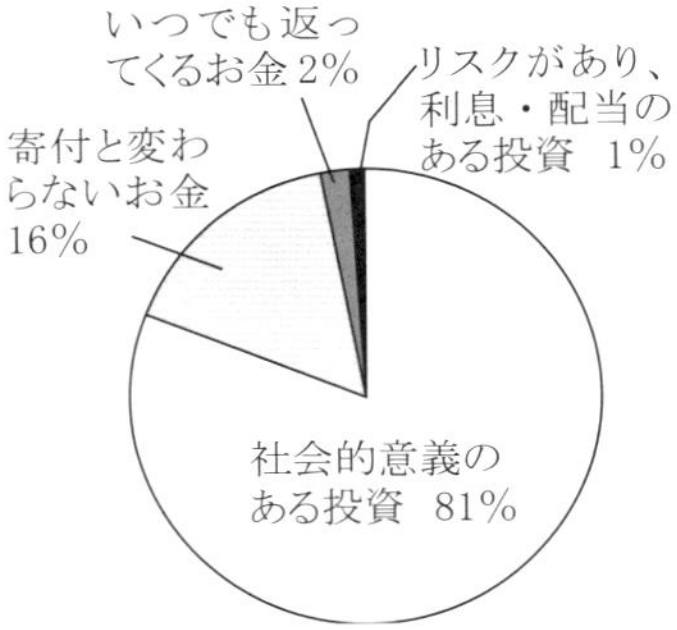

（出典）表１に同じ。

設立理念や目的を理解したうえで出資している。また、出資金については八一％が「社会的意義のある投資」と答えている（図２）。

どんな分野に融資したいかという設問に対しては、地域福祉、環境、子育て、まちづくり、女性の起業、外国人との共生、芸術、若者支援と実に多様である。私たちは生活のさまざまな場面で矛盾を感じながら暮らしている。自らの行動によって社会を変えていきたいと考える市民が多くいることを、この調査は示してくれた。東京ＣＰＢはこうした人たちによってつくられ、支えられているのだ。二〇〇八年八月現在、出資者総数五七五名、出資金額は九三五五万円となった。

通常の業務は事務局によって担われる。専従の事務局員は一名。ただし、人件費が賄えないので、会員任意のサポート会費（一口一〇〇〇円以上）をあてている。金融という責任の重い事業であり、専従事務局なしでは成り立たないが、継続するためには大きな課題だ。

理事会は出資者から選んだ九名の理事で運営する。生活クラブ運動グループ各団体の役員が半数で、金融専門家、まちづくり専門家が加わっている。社会的存在になるためには、多様なメンバー構成による運営が大切だ。

市民審査委員会の審査委員は一〇名。理事二名以外は、市民事業実践者、生協職員、地方議員経験者、金融機関勤務経験者である。金融機関で融資業務を経験した委員は「われわれが財務諸表や過去の実績で返済可能性などを判断する定量判断と、市民事業実践者が先駆性や地域貢献性など社会的価値をみる定性判断の二軸で審査をすることが、東京CPBの優位性だ」と語っている。決算書だけの判断では、NPO法人や市民事業への融資は成立しにくい。委員が全員で臨む面接審査ではさまざまなアドバイスが飛び交い、提案大会といったほうがふさわしい。

融資を受けた団体

融資を受けたのは、二〇〇八年八月現在、一四団体、融資総額は四五一〇万円だ。世の中にはこんなニーズがあったのかと気付き、あっと驚く解決策に感心することが多い。具体的な事例を紹介しよう。いずれも従来の企業の発想にとらわれず、問題解決に挑戦する頼もしい事業である。誰もやっていないことを必要だからやる。それこそがNPOであり、市民事業だ。

①ほっとコミュニティえどがわ（高齢者のグループハウス運営）

健康だが一人で暮らすのは寂しい、という高齢者が共同で暮らす住宅づくりをめざしてきた。

長年の夢がかない、知り合いの土地を借りられたものの、建築費用は多額。市民債を発行してかなりの資金を確保し、地元の信用金庫から融資も受けたが、十分ではない。そこで不足分を融資した(融資額九〇〇万円、期間一年、完済)。

②アヤックスサッカークラブ(スポーツ事業)

少年サッカークラブを主宰している。練習場の天然芝の管理が悪いため、自分たちで管理したいと毎朝の水撒きでアピールし、区から委託を受けた。委託金が入るまでのつなぎを融資。芝管理のノウハウを身につけ、他県からの委託も受けたため、新たに芝管理を主たる事業とするNPO法人を発足させた(融資額一二〇万円、期間七カ月、完済)。

③コレクティブハウジング社(住宅の管理運営)

北欧で生まれたコレクティブハウスは、個人の専用部分を持ちながら、共有の台所やリビングなどもある共同住宅だ。地域コミュニティが崩壊した日本で、人と人をつなぐ新しい住まい方として提案し、三カ所の運営にかかわっている。その一つ古民家ハウスの修繕費用と広報活動の資金を融資した(融資額二五〇万円、期間三年)。

市民事業やNPOを支えていく

東京CPBの構想も、出資して組織の基盤をつくったのも、生活クラブ運動グループの仲間だが、私たちは決して彼女たちのためだけに始めたのではない。東京という地域を豊かにしようとする市民のための、開かれた仕組みだ。実際、融資を受けた団体の半数は生活クラブ運動グループではない。

一方で、東京で活動する生活クラブ運動グループの市民事業や市民団体は一五〇を超え、市民自治を実現する有力な社会資源となっている。私たちはこのネットワークを活用し、人と人をつないでＮＰＯのスキルアップや事業拡大に活かしてくことが大切だと考えている。これまでも、情報交換やＮＰＯ同士の連携など地域づくりの手助けを行なってきた。今後も、お金だけではない支援で市民のネットワークを広げていきたい。

ただし、東京ＣＰＢの経営基盤はかなり厳しい。まだまだ無名で、事務所や人材などは生活クラブ運動グループの支援なしには成り立たない。融資の少なさも課題だ。融資が少なければ市民の資金循環というミッションが達成できず、経営も厳しくなる。

ＮＰＯはいま、助成や委託に偏る事業から、より自立度の高い事業への挑戦が求められている。そして、身内でやりくりしてきた資金調達を社会的に行うことで、組織の経営力を高めていく必要があるだろう。東京ＣＰＢは、先駆的な活動を地道に続ける市民事業やＮＰＯが新たな社会をつくる大きな力となるように、市民の意思あるお金で支えていきたい。

〔坪井眞里〕

4　ＮＰＯのための総合的な支援バンク●ＮＰＯ夢バンク

熱い思いを実現するための組織

「ＮＰＯ法人を立ち上げたが、資金がない」

「ＮＰＯ法人をつくったが、運転資金に困っている」

これらは、長野県生活環境部生活文化課ＮＰＯ推進室が二〇〇二年のなかごろに県下四カ所で開いた「明日の地域社会を支えるＮＰＯ活動を語り合う会」の席上で、設立検討中あるいは設立間もないＮＰＯから寄せられた、嘆きの声である。

金融機関から門前払いされたケース、融資の前提として二年以上の実績を問われたケースなどがあった。実際、創設期のＮＰＯ法人が金融機関から融資を受けることは非常に困難だ。しかし、ＮＰＯを立ち上げて地域を豊かにしたいという設立者たちの思いは、非常に熱い。

そこで、自らの意思でさまざまな課題に取り組む長野県内ＮＰＯの熱い思いを実現する組織を設立しようと考えた。そして、中間支援組織である特定非営利活動法人長野県ＮＰＯセンター（以下「ＮＰＯセンター」）が中心となって、準備を始めた。ＮＰＯセンターは一九九八年の設立当初から、ＮＰＯに対する資金援助のプログラムを実施してきたが、継続的に資金源を得ること

図1　NPO夢バンクの仕組み

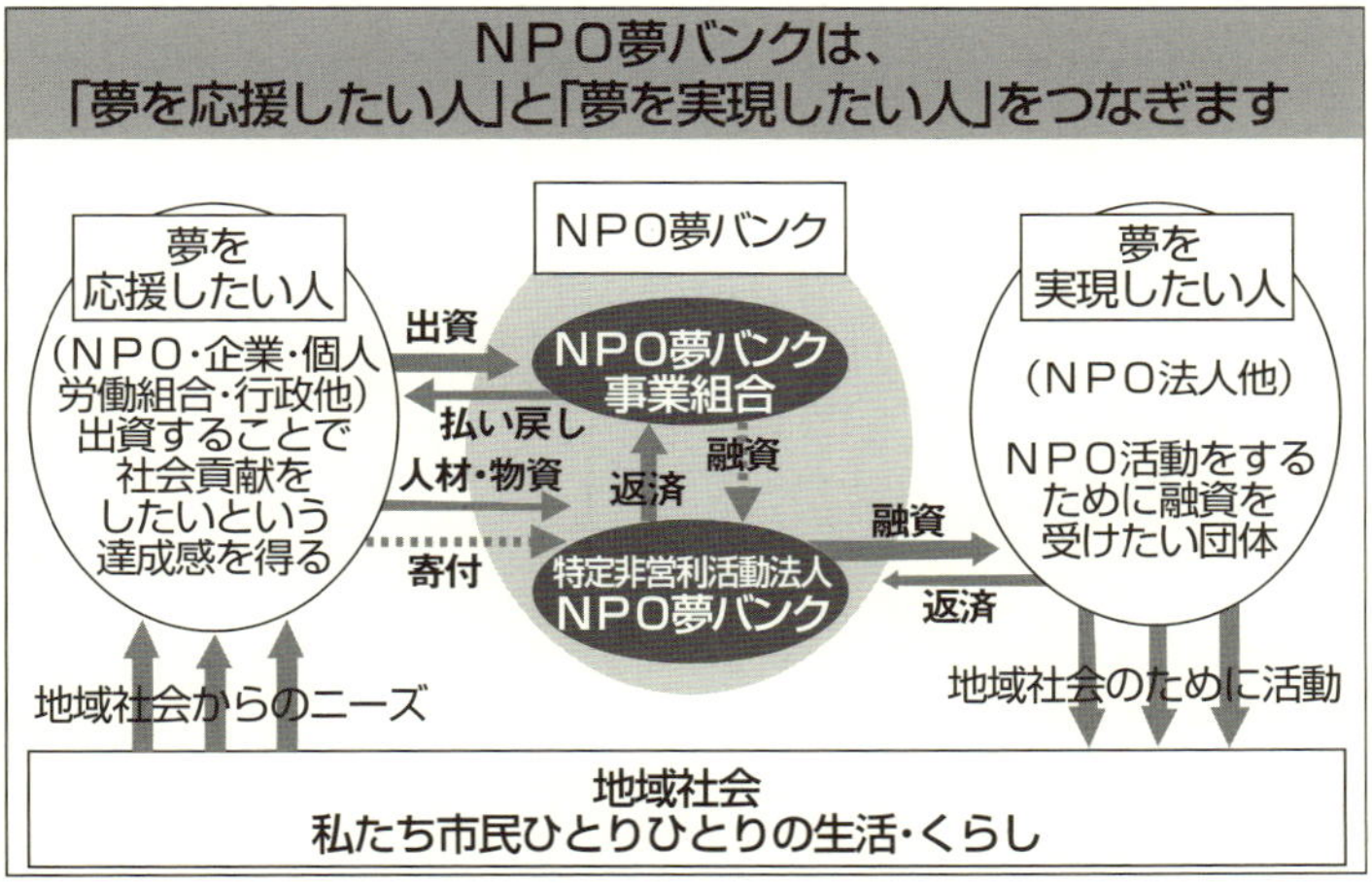

がむずかしく、二年で終了。新たな資金供給方法を模索していたのである。

折から、北海道NPOサポートセンターが中心となって、〇二年一〇月に北海道NPOバンクが設立されたことを聞き、その指導をいただきながら、〇三年春の検討会、さらに準備会へと進めていった。私たちが考えた仕組みの柱は、「特定非営利活動法人NPO夢バンク」(以下、「夢バンク」と略す)と「NPO夢バンク事業組合」(以下、「事業組合」と略す)の二頭立てだ(図1)。当初は夢バンクのみの設立を考えていたが、NPO法の規制も鑑み、出資、配当という概念を取り除くために、原資である出資金の受け皿として任意組合契約による事業組合を併設した。

まず、〇三年八月三〇日に夢バンクの設立総会、引き続き一〇月一三日に事業組合(民法第六六七条に基づく任意団体）の設立総会を開催。夢バンクは一一月二〇日に長野県知事の認証を受け、一二月二日に設立した。私たちがめざすのは、団体の設立資金や運営資金の融資、必要な人材の紹介、物資の提供などを行う総合的な支援バンクである。

次の問題は貸金業の登録だった。はたして、低利融資のみを行う非営利組織が法律上、一般の貸金業者と同じような扱いを受ける必要があるのだろうか。夢バンクの融資先は不特定多数のＮＰＯであるが、事業組合の融資先は夢バンクに限られ、しかも無利息で融資される。こうした場合、貸金業の登録は必要ないという意見もあった。

しかし、議論の結果、貸金業として法規制の対象となるかどうかは、融資先が単数であるか複数であるかや金利の高低ではなく、融資行為が反復継続されて行われるか否かによって決定されると判断。夢バンクも事業組合も、貸金業登録を〇四年二月に行なった。

地方自治体や金融機関からの支援

貸金業務を始めるにあたって最大の課題は、出資金をいかに集めるかである。当面の目標金額を一億円とし、広く協力を訴えるため、「賢者の一万円」（出資金は一口一円、最低出資口数は一万口）と銘打ったキャンペーンを展開し、人と人とのつながりで説得していく。その結果、ある程度は大口の出資金もあったものの、一万円や二万円といった単位の出資が多く、目標額には

表1　出資金・借入金などの現状

	件数	金額（万円）
出資金	85	1,844
個人	40	908
NPO	37	458
企業など	4	23
労組など	4	455
借入金	4	2,200
寄付金	5	800
合計	94	4,844

（注）2008年8月31日現在。

ほど遠かった。現在の出資金残高は一八四四万円である（表1）。

これでは、思う存分ＮＰＯの花を咲かせられない。そこで、地方自治体に対して市民活動支援のための資金協力を呼びかけていく。

幸い、夢バンクの仕組みができた当初から、長野県に対して出資金の協力要請を続けてきた結果が、〇四年八月に実を結ぶ。期間五年間無利息で、一〇〇〇万円の融資が行われたのである。これをバネとして〇五年から、事業組合の三役は市役所・町村役場まわりを始めた。自治体の財政難の壁が大きく立ちはだかりはしたものの、市民協働活動への理解が得られ、〇七年四月には長野市・松本市・上田市から各三〇〇〇万円の融資を受けられた。

こうして、自治体との協力関係を構築する基本的な道筋ができたと考えている。今後は、各市の融資実績に基づいて増額をお願いしていきたい。また、これまで融資実績のない市町村に対しても、引き続き協力要請を行なっていくつもりである。

金融機関に対しても、自治体と同様に資金協力を仰いだ。出資という形態はむずかしかったが、四機関から寄付金が寄せられた。

融資の条件・仕組み・事例

初融資は設立から約一年後の〇四年七月。ＮＰＯを資金援助する仕組みとして動き出したという手ごたえを感じた。

融資条件は簡潔・明瞭だ。実績のないＮＰＯの設立資金や、設立後まもないＮＰＯに対する運転資金が、融資のおもな対象である。融資期間は最長三年、融資金額は最高三〇〇万円、融資金利は最高三％（下限二％）。担保は不要だが、連帯保証人が二名必要となる。

申込書類が提出されると、申込者側との事前協議を経て、融資審査委員会の審査を受ける。ここで融資が認められると理事会に報告され、承認か否かを決定する（図2）。審査委員は全員ボランティアで、理事会から二名と、現職の金融機関（地方銀行・信用金庫・労働金庫）職員とで構成されている。実際の融資案件を紹介しよう。

あるＮＰＯ法人から、山間部に宅老所を開設するための創業資金・設備資金の融資が申し込まれた。長野市の西に位置する山間部の戸隠村《とがくし》（現在は合併して長野市）の県道沿いの民家が、その舞台だ。

このＮＰＯ法人は、自己資金に加えて、村から二五〇万円、県から五〇〇万円の支援資金を

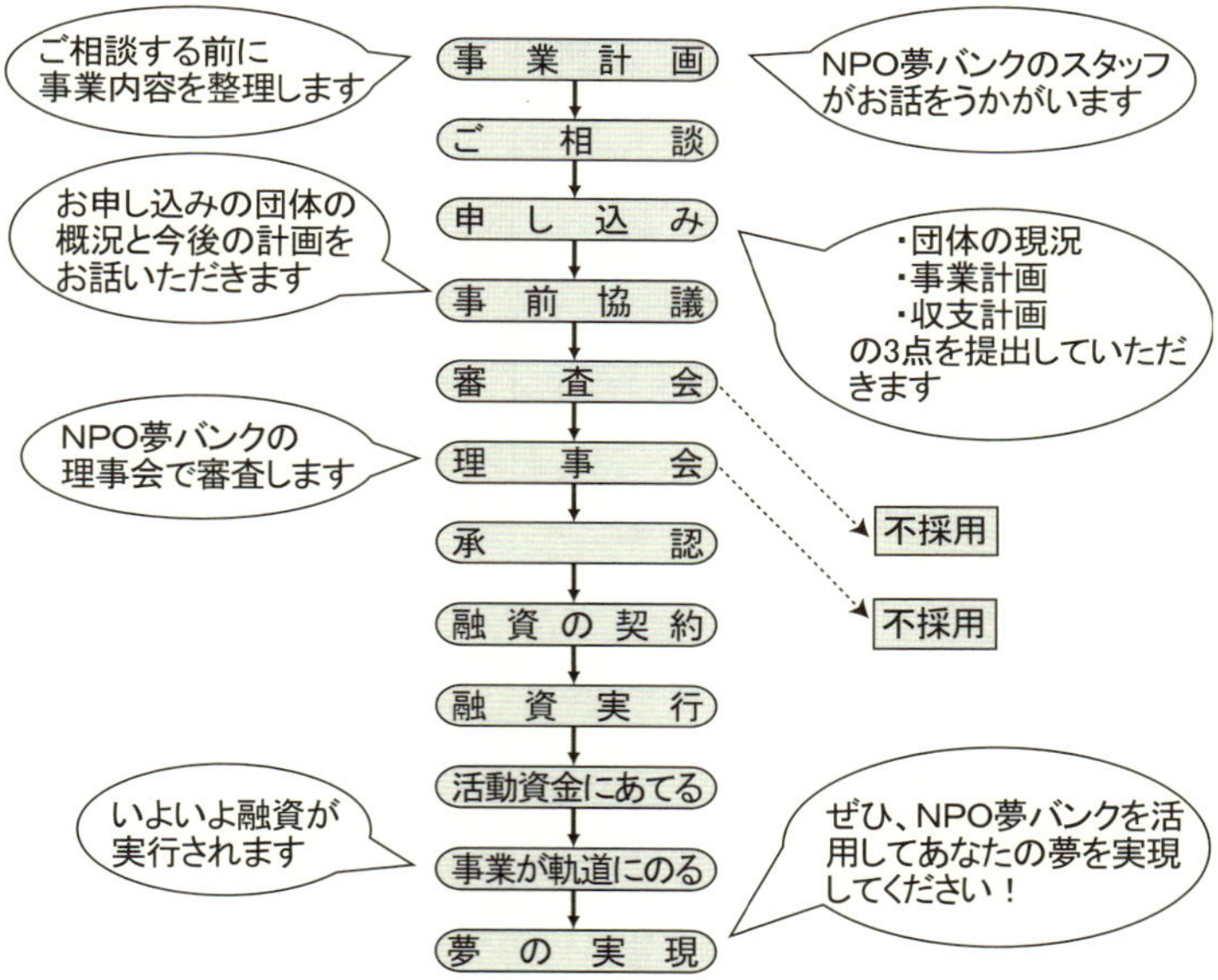
ご相談する前に事業内容を整理します
事業計画
NPO夢バンクのスタッフがお話をうかがいます
ご相談
お申し込みの団体の概況と今後の計画をお話いただきます
申し込み
・団体の現況
・事業計画
・収支計画
の3点を提出していただきます
事前協議
審査会
NPO夢バンクの理事会で審査します
理事会
不採用
承認
不採用
融資の契約
融資実行
活動資金にあてる
いよいよ融資が実行されます
事業が軌道にのる
ぜひ、NPO夢バンクを活用してあなたの夢を実現してください！
夢の実現

図2　融資の流れ（申し込みから実行まで）

受けており、さらに不足する三〇〇万円について夢バンクの支援を求めていた。長野県では、市町村に必要な施設がない場合や不足している場合に、提供しようとする組織に対して市町村と県が一対二の割合で資金援助をする制度がある。

この民家は、前の住人であった老夫婦が亡くなった後、しばらく空き家として放置されていた。老夫婦には二人の娘さんがいたが、現在は関東方面に住んでいる。二人とも転居して生活する予定はなかったため、固定資産税額を負担する程度の賃料で、このNPO法人が借り受けられたのだ。

改修工事中に融資責任者である私た

ちが現場を視察すると、トイレ・浴室・屋内通路をバリアフリー化し、お年寄りがより安全かつ快適に使える施設へと模様替えされていた。私たちは改修状況を確認したうえで、融資を予定どおり実行した。融資資金は遅れなく完済され、次の事業展開に役立っている。

運転資金融資を申し込むなかには、自治体からの委託事業を受託したり、補助金の受給が決定している場合の、資金交付までのつなぎ融資がある。たとえば、環境保全の分野では、長野県の森林造林補助金が支払われるまでのつなぎ融資を行なっている。長野県の地域発元気づくり支援金が支出されるまでのつなぎ資金を融資した経験もある。

また、保健、医療・福祉分野では、障害者福祉サービスなどの給付金支払システムの変更によって、給付金の支給日が延びた。これにともない、独立行政法人福祉医療機構がつなぎ資金を準備したが、利用できるのは社会福祉法人だけ。同じサービスを行なっていても、NPO法人は制度の恩恵を受けられない。それを知った長野県

表2　NPO活動の分野別融資先（累計）

活動分野	件数	融資実行額（万円）
保健、医療または福祉の増進	20	5,010
環境の保全	13	2,530
社会教育の推進	2	600
まちづくりの推進	3	679
スポーツの振興	1	300
情報化社会の発展	1	300
子どもの健全育成	1	200
合　　計	41	9,619

（注）2008年8月31日現在。

が、融資先として私たちを紹介してきたケースが数件あった。

NPO活動の分野別融資先を表2に、融資先NPOの市町村別内訳を表3に示す。

もちろん、融資をお断りした案件もいくつかある。未熟な計画、返済が出てこない、努力の形跡が見られないなどが、その理由だ。

表3　融資NPOの市町村別内訳

市町村	件数	融資実行額(万円)
上田市	12	2,729
松本市	8	1,390
長野市	6	1,620
伊那市	4	860
安曇野市	3	800
佐久市	2	420
飯田市	1	300
駒ヶ根市	1	300
飯島町	1	300
軽井沢町	1	300
朝日村	1	300
大鹿村	1	300
合　計	41	9,619

(注) 2008年8月31日現在。

顔の見える関係の維持と経営のサポート

原資の確保については、当初立てた目標からはいまだに相当の乖離がある。出資者の心理からすれば、元本の保証がなく、しかも無配当となれば、何を信じて資金を拠出すればよいかということだろう。配当分は社会貢献と割り切れるかもしれないが、元本保証はそうはいかない。

幸い、これまで返済金の遅延はない。また、融資先にはレポート(受けた融資を何に使い、どう役立ったのか)の提出を依頼し、それを出資者に報告するとともに、夢バンクと事業組合の間の貸借関係を開示してきた。今後もそれは変わらない。融資先からは出資者の顔が見え、出資者は融資先の活動が見える関係の維持を、今後も心がけていきたい。

私たちが思い描く夢バンクの将来像は、単に融資を行うにとどまらず、融資先の健全な運営を実現するための総合的な支援を行う仕組み（テクニカル・アシスタンス）の構築である。ＮＰＯ法人の経営について専門知識や経験を有する人材が、融資先ＮＰＯに対して必要な経営サポートを総合的に提供できる態勢をつくりあげていくことをめざしている。

ますます社会に欠かせない存在となってきたＮＰＯが花を咲かせるお手伝いを長く続けていきたい。

〔和田清成〕

2 生活の再建をめざして●生活サポート生活協同組合・東京

1 貸金業法の改正

多重債務問題に対する抜本的対策として貸金業法が改正され、二〇〇六年一二月に施行された。この背景には、貸金業者による消費者向け貸し付けを中心にした巨大な市場の形成がある。貸付残高は一四・二兆円、利用者数は約一四〇〇万人、多重債務者といわれる五件以上の利用者数は約二〇〇万人だ(〇五年三月末)。おもな改正内容は次のとおりである。

①業務の適正化のための規制の見直し。
②過剰貸し付け抑制のための総量規制の導入。
③上限金利の引き下げなど金利体系の見直し。
④ヤミ金融対策の強化。
⑤政府に多重債務者対策本部を設置し、政府をあげて多重債務者対策を推進する。

私は、このなかでとくに注目すべきは②と⑤であると考えている。その理由については後述したい。

ところで私は一九七八年以来、岩手県消費者信用生活協同組合（略称、岩手信用生協）という全国に数カ所しかなかった生活資金を貸し出す生活協同組合に在籍し、微力ながら多重債務者問題にかかわってきた。二〇〇七年からは、東京都の事業認可を受けた生活サポート生活協同組合・東京に異動。多重債務者の生活を再生するための支援を行う一方、関連団体の有限責任中間法人生活サポート基金による生活再生資金の貸付事業を行なっている。

そうした経験から、改正貸金業法を取り巻く喫緊の課題といわれるカウンセリング体制の整備、セーフティネットの構築、今後のあり方などについても、私見を述べてみたい。

2　私たちの生活再生支援事業

四者連携の岩手方式

私の多重債務問題をめぐる取り組みの経験と経過を振り返ると、取り巻く環境が改善されていないばかりか、むしろ悪化してきたと言っても過言ではない。

一九八三年に貸金業規制法（貸金業の規制等に関する法律）が制定されるまでは、上限一〇九・五％という超高金利が容認されていた。いち早くこの問題を「サラ金禍」として取り上げたのは、朝日新聞だ。団地金融（主婦に対しての無担保小口金融）やサラリーマン金融の利用による自殺者の増加という深刻な事態をスクープした。その結果、同法ができ、金利は上限七三％に引き下げられた。

その後、八七年に岩手県宮古市で、二百数十名、約三億円にも及ぶ消費者金融会社からの集団名義貸し詐欺事件が発生する。このときに被害者の救済策として宮古市から五〇〇〇万円が地元金融機関に預託され、その二倍の協調融資の一億円が岩手信用生協に融資された。岩手信用生協ではさらに自己資金一億円を加えた二億円を原資として、弁護士による債務の減額交渉を消費者金融会社と行なっていく。

このときの仕組みをモデルに、八九年に盛岡市、岩手弁護士会消費者問題対策委員会、地元金融機関、岩手信用生協の四者が連携した多重債務者救済システムとして、消費者救済資金貸付事業が発足した。盛岡市は救済資金の貸付原資である預託金の金融機関預託と、多重債務者救済窓口を設置し、岩手弁護士会はローテーションにより相談者から債務整理を受任する。そして、金融機関は盛岡市の預託金を元手として信用生協へ与信（融資取引をすること）し、信用生協は相談者に対する救済資金を融資する。ただし、実施にあたっては多くの課題があった。

①盛岡市

新規事業であるうえに、預託金とはいえ、多重債務者に税金を投入することの是非が問われた。借り主の責任や、個人の民事的問題に対して自治体として関与していいのかどうかの判断である。さらに、議会対策上の問題もあった。

②岩手弁護士会

弁護士のきわめて少ない地域への対応、次々と訪れる大量の相談者の処理に対応しきれるか。

③地元金融機関

岩手信用生協に対する与信枠の設定（不良債権の発生への懸念）の問題。

④岩手信用生協

相談者の増加への対応、貸付残高の増加に対する金利リスクや職員のスキルアップなどの事業経営上の問題。

これらを乗り越えられたのは、当時のいわゆるサラ金問題は金融構造上から発生する消費者問題であるとともに、社会問題であるという共通認識で一致したからと言えよう。また、岩手県の地域性もあり、どの案件についても、どういう相談員がどのような解決支援策を施し、現在どうなっているのかという、いわば「人が見える」関係にあった。こうした関係性から、相談実務の様式やフォーマットの統一も進み、相談の標準化と平準化が図られていく。

この事業の目的は、相談者の生活再建とそれに向けた支援である。債務整理相談にあたって、必要な場合には貸し付けによって再建を図る。こうした場合、貸付額の実績のみにとらわれがちであるが、貸し付けは生活再建の手段であって目的ではない。岩手信用生協における二〇〇四年以降の相談者数が五〇〇〇人程度で推移しているのだから、相談の窓口としての役割と制度の創設意義は十分に果たされているといえよう。

金融庁の多重債務者対策本部有識者会議などにおいても、今日「岩手方式」といわれるスキームとして評価されるに至っている。これは、連携する団体の総合的な協力と理解が得られたからこそであり、四者のうちひとつでも欠ければ実現には至らなかったであろう。

相談と融資のスタンス

岩手方式における相談と融資の基本的スタンスは、概ね次のとおりである。

①相談員の一方的なアドバイスではなく、相談者の悩みや不安を聞きだし、希望を尊重する。

②債務状況の聞き取りは十分に時間をかけ、完済した金融業者を含めて調べる。

③債務整理方法については、必ずすべてのメニューを説明する。解決案も可能なかぎり多くの選択肢を提案し、相談者の希望も含めて記録に残す。

④複雑と思われる案件については、弁護士などの事前相談制度を利用する。当初の整理提案が困難と思われる場合は代替案を提案し、最後まで相談に応じることを伝えて信頼関係を築く。

⑤融資金額は可能なかぎり少なくし、早期完済が可能となるように組み立てる。

⑥借金の原因が依存症などによる場合は、債務整理だけでは解決できないので、病院や支援NPOとの連携のもとで解決を模索する。

岩手信用生協では、融資にあたって連帯保証人を要求している。それは「借金の拡散につながる」という批判を承知したうえでの対応だ。

消費者金融は、簡単、便利、スピーディに、しかも誰にも相談しないで借り入れできる。それが多重債務に陥る要因である。誰にも相談しないで借り入れしたために、返済に困っても誰にも相談できない。そして、返済のためにまた借り入れるという悪循環に陥る。したがって、解決のスタートは、相談者が家族や親族に借り入れについて打ち明け、借り入れの原因を明らかにし、再発防止と整理の方法を関係者を交えて相談していくことだと、私たちは考えている。借金地獄から家族一丸となって脱却を図るために、家族や親族に連帯保証人をお願いしているのである。

もちろん、本人の返済能力を無視して、保証人からの回収を前提とした融資ではない。家計簿診断を行い、融資後に貯蓄できるゆとりがあるような配慮もしている。

現在の事業規模は、〇七年五月末決算で貸付残高約七一億円、出資金約一〇億七三〇〇万円、年間相談者数五〇一三件(面談件数)、自治体預託金一一億四二〇〇万円だ。平均の貸し倒れ率は〇・三%程度だから、ほとんど貸し倒れリスクがないことが証明されている。延滞率も四%程度だ。この実績は、徹底したカウンセリングや相談制度もさることながら、家族を含めて債務からの脱却を図り、生活が再生できるような融資支援を提供しているからである。

東京都における多重債務者支援と岩手県との相違

以上のような岩手県の取り組みを参考として、多重債務者の救済事業を相互扶助の理念を活かして構築しようという動きが、東京都でも〇五年ごろから始まる。都内の生協関係者、学者、司法書士、NPO関係者らが集まり、生協設立の準備会が正式に発足した。しかし、認可行政庁である東京都は「生協による貸付事業は認可できない」という見解を示したため、〇五年一二月に貸金業を行う法人として「有限責任中間法人生活サポート基金」を先行して設立。一方で、生活相談に特化する生協としての認可を得るべく賛同者の募集を行い、〇六年一一月に「生活サポート生活協同組合・東京」が事業認可を受けた。

こうして、東京都における多重債務者の支援事業は、この二つの組織が車の両輪となって取り組んでいくことになる。〇八年四月〜七月の相談実績は、次のとおりである。

新規相談件数＝二六〇件、貸付件数＝一八件、貸付残高＝一億八二〇八万円、生活再生ファンド(一般の人びとから出資してもらう貸付資金の元本)出資者＝三九件、七二五〇万円。

また、東京都と岩手県では相談者にかなりの違いがある。

①年齢――五〇代以上の相談者は、東京都が岩手県より一三％多い。
②年収――四〇〇万円以上の割合は、東京都が四〇％、岩手県は一〇％。
③借り入れ動機――家計補助と事業資金の割合は、東京都が岩手県より約一〇％多い。
④利用ローン――消費者金融利用者は東京都が二〇％、岩手県は三二％。
⑤一人あたり消費者金融借入額――東京都が二一四万円、岩手県は二四〇万円。
⑥一人あたり住宅ローン借入額―東京都が四三七二万円、岩手県は一二六〇万円。
⑦相談件数――東京都消費者センターが約八〇〇〇件（電話相談を含む）、岩手信用生協は約五〇〇〇件（面談件数）。

特筆すべきは、⑦の相談件数の圧倒的相違である。岩手県の人口は約一三六万人、東京都は約一二九〇万人だ。一〇分の一程度の人口にすぎない岩手県の相談件数は、東京都の六割を超えているのだ。

3　生活相談こそが必要とされている

生協が相談の受け皿に

行政の相談機関を利用しない人たちは、電車内の広告などを見て弁護士や司法書士による債務整理相談窓口に行っているのであろう。行政の相談機関には貸付制度が存在しないうえ、敷居の高さ、行政相談の二次被害（たらい回しにされた、説教されたなど）のトラウマなどの要因から、敬遠されていると思われる。

しかし、二〇〇八年四月から七月までの相談事例では、「弁護士・司法書士に依頼して債務整理を行なったが、生活の再建ができない」というケースが三〇％にも及んでいる。弁護士などに依頼した債務整理などの法的解決が、生活の再生にはならない事例が少なからずあるわけだ。「手術は成功したが術後の経過が悪い」のである。破産後に、次の生活の再生を導いていく生活相談支援事業が必要とされている事実が、よくわかるだろう。

一方、東京都の生協と同じく生活資金貸し付けの事業認可をめざしていたグリーンコープ生協ふくおかは、東京都とは異なり、生協単独による生活資金貸し付けの事業認可が〇六年八月に福岡県から得られた。これは、生協としての活動実績が県の認可基準に合致したからと思われる。

その後〇七年五月、消費生活協同組合法が五九年ぶりに大幅改正され、貸付事業に関する省令が一二月より施行された。ところが、貸付事業を行うにあたっては、貸金業と同じく純資産五〇〇〇万円という要件が必要とされてしまう。これでは、新設生協の事業開始はほぼ不可能だ。既存の生協が定款変更によって貸付事業を行うほかに道がなくなったとも言えるだろう。

また、今後の生協の生活再生事業を広げるとともに、情報交換と交流を目的として、〇八年一月に岩手信用生協、生活サポート生協・東京、グリーンコープふくおかによって、全国生協生活再生事業連絡会が発足した。その背景には、改正貸金業法施行後の信用収縮による副作用といわれる「貸し渋り」や「貸し剥がし」（回収のみを進める）の問題がある。

その重要な対策として、カウンセリング体制の整備とセーフティネットの構築が叫ばれている。そうした具体的な相談の受け皿として、可能なかぎり全国の生協陣営において生活再生事業設立の検討が図られるように呼びかけ、事業開始に向けたノウハウの提供や支援を行い、連合会の設立をめざすことも、連絡会の目的のひとつである。

実際に生活を再建したケース——相談事例から

①借金の返済を一本化

夫と別居し、その後に離婚。現在は単身世帯。二重生活となって生活費が不足し、キャッシング（クレジットカードによる現金の借り入れ）を始めた。さらに、長男と長女の教育費や医療費がかさみ、返済困難に陥る。相談者は借金の一本化を希望している。

このケースでは、年収に対する返済額の比率は三九・三％になり（三〇％以下が望ましいとされている）、毎月の収支はマイナス四万八〇〇〇円だった。その大部分を占めるのが消費者金融一社とキャッシング二社で、借入額は約三〇四万円、毎月の返済額は月収二四万円に対して一一万八〇〇〇円である。

「借りて、返して」という自転車操業を止めるためには、赤字の家計収支を改善しなければならない。そこで、三社の負債を生活サポート基金からの融資二一〇万円で肩代わりした。この融資金額は利息制限法の圧縮見込み金額に基づいて決定したもので、借入額の約三〇四万円は一〇〇万円以上圧縮可能であるという判断による。そして、融資後は毎月貯蓄もできるようにした。生活サポート基金への返済額は、毎月約四万七〇〇〇円である。

相談者は再婚も考えていたが、この問題を解決するまでは保留にせざるをえなかった。それでも、融資によって家計収支が改善され、心配事がなくなった分、新しい人生の第一歩を踏み出す土台ができたといえる。

②支払額を軽減

夫婦と子ども二人の四人世帯。夫の年収は九〇〇万円、妻のパート収入が一七〇万円ある。子どもが入退院を繰り返し、医療費がかかり、それに伴い大学の授業料が払えなくなり、多重債務化した。また、マンションの下水道修理費が予定よりもかかり、住宅ローン以外に一〇社を超えるキャッシングの返済に追われるようになる。相談者は毎月の支払額の軽減を希望。

このケースでは、収入に対する返済額の比率は四九・九％に及び、毎月の収支はマイナス一七万七二一五円だった。住宅ローンを除く返済額の大部分を占めるのがキャッシングで、月収五四万円に対して二九万五二一五円である。

相談者は、自分がどこからいくら借り、いくら支払っているのか把握できないほど、多くの業者から借りていた。支払いに頭がいっぱいで、日常生活に平穏な時間がなく、困り果てていた。分割の任意整理や特定調停も勧めたが、一〇社以上の支払いを考えたくないという。融資で一本化し、支払いを一カ所にまとめたいと強く望んだ。

結局、八社のキャッシングと一社のショッピングの負債を生活サポート基金からの融資三九〇万円に一本化し、支払額を約三二万円下げた。融資後の収入に対する返済額比率は二八・七%である。住宅ローンを除く毎月の合計返済額は、約一〇万六〇〇〇円に減った。

家計管理をしていた妻は、足りないときはキャッシングで補う生活に慣れていた。しかも、家計簿をつけたことがないという。そこで、生命保険の掛け金の減額など、切り詰めるべきところに焦点をあてた。今回の融資を機に、家計管理を厳重にする生活スタイルへ変化している。

このように、自己破産・再生だけでは問題は解決しない。生活再生のための生活相談支援事業がいかに重要か、おわかりいただけるのではないだろうか。

4　総量規制と多重債務者対策の推進——改正貸金業法の注目点

最後に、冒頭に述べた改正貸金業法における注目点について述べておきたい。

第一に、過剰貸付抑制のための総量規制の導入である。簡単に言えば、すべての貸金業者からの借入合計が年収の三分の一を超えてはならないということだ。年収が五〇〇万円であれば、一六六万円までしか借りられない。これは今回初めてつくられた規制である。

これまでの貸金業法の改正は、おもに出資法の改正による金利上限の引き下げであった。一九八三年に一〇九・五％から七三％に、八六年に五四・七五％に、九一年に四〇・〇〇四％に、二〇〇〇年に二九・二％に、それぞれ引き下げられ、今回は二〇％に引き下げられる。出資法に定める上限金利もまた、二十数年間で一〇九・五％から二九・二％まで実に八〇・三％引き下げられた。

にもかかわらず、「主たる債務者から返済を求めず、連帯保証人から回収する、根保証契約による過剰貸付、執拗強引な取り立て」などで問題になった商工ローン、ヤミ金の跋扈、破産者の増大、経済的要因による自殺者の増加など、消費者金融をめぐる問題は絶えず社会問題化してやむことがない。金利を引き下げただけでは、問題は解決しなかったのである。

サラ金業者や消費者金融会社による団地金融や町金融（もともと地元で行なっている金融業者）といった小口無担保貸付に始まり、全国に展開したスピーディな現金自動預け払い機（ＡＴＭ）の設置と自動与信システムによる高成長ビジネスモデルが登場して二十数年。消費者信用取引における被害者ともいうべき利用者は、今日まで増加の一途をたどってきた。

今回の総量規制の導入という、ある意味では国家経済統制的な法改正は、金利引き下げによる効果とは異なる効果が期待できる。おカネに対する欲求は、きりがない。過剰貸付の上限がなければ、どこまでも膨れ上がる。計画性に欠けていたり、使い道を誤れば、生活破綻をもたらす。さらに、無差別過剰融資を容認する金融政策をとり続ければ、社会的歪みをもたらすのは必然である。

もちろん、総量規制による副作用からのセーフティネットの必要性は論をまたない。総量規制によって借りられない人びとが続出すれば、そうした人びとに対する救済的貸付制度と生活再生のための安心できるシステムの構築が必要になる。交通事故対策をみれば、モータリゼーションの発達とともに、誰もが交通事故の加害者と被害者になりうることを前提として、道路交通法の改正、自賠責および任意保険の加入、交通道徳の啓蒙、道路網の整備、交通事故相談所の開設などが整備されてきた。多重債務者問題についても、同様の取り組みが必要である。

そして、このことは、第二の「政府に多重債務者対策本部を設置し、多重債務者対策を政府をあげて推進する」という項目にも合致する。福祉的施策との境界に位置する生活破綻者や生活困窮者に対し、セーフティネットとしてどのようなスキームや施策を「政府をあげて推進する」のか、期待したい。なかでも、既存の金融システムではない、コミュニティ金融や生活再生のための相談機関の育成に向けた行政支援に期待したい。少なくとも、従来のように法的解決のみに委ねたり、あるいは「相談あっても解決なし」のような施策は避けてほしい。

今後の格差社会の進展を考慮すれば、相談者に真に向き合った生活再生のための相談が不可欠である。より実効性ある形で支援できるレベルと確固たる基盤をもつように、相談機関の育成と支援を図っていかなければならない。こうした機能をもった相談窓口の存在は、新たなコミュニティの創造につながる。経済的貧困だけではなく、心の貧困をも招き、それが一層助長されるような社会への歯止めになると確信している。

このような施策が機能しないままに、格差社会の可視化が進み、共同性の崩壊のシンボルとなる悲惨な事件や事故が続発することがないように、と願わずにいられない。生活サポート生協・東京は、組織的にも財政的にもまだまだ力不足ではあるが、行政機関や金融機関、司法関係者などとの連携を進めて、事業目的を果たせるように努力していきたい。

〔横沢善夫〕

第4章

世界に広がるＮＰＯバンク

1　ヨーロッパの社会的銀行

社会的利益を重視する銀行

ヨーロッパには、「社会的銀行」（ソーシャルバンク）、グリーンバンクと呼ばれる銀行がある。既存の銀行が取り組んでこなかった「社会的利益」を重視する銀行だ。たとえば、有機農業・環境保全型農業や老人ホームなど、地域に必要な社会的事業（プロジェクト）にのみ融資を行い、融資先を情報誌やインターネットで公開し、出資者グループの参加による審査を行い、貯金するときに融資分野を指定できる。組織形態は協同組合銀行や普通銀行などさまざまだが、金融面での利益以上に、社会的な利益を求めるところは共通している。

現在、トリオドス銀行（オランダ）、倫理銀行（イタリア）、ＧＬＳコミュニティ銀行（ドイツ）、クア銀行（デンマーク）、ラシュフ銀行（スペイン）、エコバンク（スウェーデン）、オルタナティブ銀行（スイス）、ヘルメス銀行（オーストリア）などがある。いずれも出資配当はないか、あってもわずかで、預金金利も低い。

しかし、この数年の成長率は高く、ＧＬＳコミュニティ銀行が一八〜二五％、トリオドス銀行が一五〜二〇％である。配当金や預金金利の優位性ではない「社会的な利益」が、顧客をひきつけているということだろう。しかも、いずれも不良債権比率は低い。これらの銀行は相互に連携しあい、情報を交換し、相互の職員の異動も行われている。こんな銀行を日本にもつくりたいものだ。ここでは、これらのなかから三つの銀行を紹介する。

世界にさきがけた企業倫理投資ファンド――大銀行を飛び出してつくったトリオドス銀行

国土の四分の三が海面下のオランダは、地球温暖化の影響がもっとも大きい国の一つであり、市民の環境保全に対する意識が強い。一九六八年、ヨーロッパでは第二次世界大戦後から続いてきた高度経済成長が終わりを告げ、社会不安が広がっていた。その年に、大銀行の経営手法に疑問を感じ、銀行がもっと社会に貢献しなければ社会は立ち行かなくなると感じて大銀行を飛び出した数名によって、トリオドス銀行は設立準備を始める。トリオドスはギリシャ語で三つのアプローチという意味で、銀行業務に社会的・倫理的・金融的視点を取り入れるという含意がある。

三年後の七一年に財団を設立。信託業務を中心に、資産運用を行いながら金融業務のノウハウを蓄積し、八〇年に銀行に転換した。その後の一〇年間、試行錯誤しながら「市民に理解してもらう活動」を地道に続けていく。

トリオドス銀行が急成長し始めるのは、ブラジルのリオデジャネイロで地球サミットが行われた九二年からだ。持続可能な社会への関心が高まり、温暖化の影響を緩和させるためのイニシアチブ(先駆的な構想・事業)が活発化した。同年、トリオドス銀行は国内の有機農業専用に投資する「グリーン投資ファンド」の運用を開始し、九七年には企業の道徳・倫理性を評価する「企業倫理投資ファンド」の運用も始めている。日本でも九九年ごろから、企業の社会的責任の状況を考慮して行う投資「社会的責任ファンド」が売り出されるようになったが、トリオドス銀行はこの分野では世界のさきがけとなった。

また、二〇〇一年には、世界で初めて「排出権取引機構」を設立し、ヨーロッパでのCO_2排出権取引市場設立のためのイニシアティブもとっている。〇二年にはファンド業務の拡大に伴い、銀行業務とファンド業務を分離した。環境・社会分野への融資を行いながら三%の配当を維持し続けているのは、相当な努力の証である。

融資対象は、小規模事業の起業支援、風力・太陽光発電などの再生エネルギーや有機農業、教育施設や高齢者福祉施設などの非収益・芸術分野、開発協力などの発展途上国分野など、環境から社会福祉まで非常に広範囲にわたり、かつ小口分散主義をとっている。〇七年には、ベルギーやイギリスにも支店をもつオランダの中規模銀行と同じ融資残高となった。いまやトリオドス銀行といえば、財務的に健全で環境・社会分野へ融資を行う金融機関というブランドに、ヨーロッパではなっている。

基本原則がすべてに行き渡り、組合員による社会的審査──倫理銀行

倫理銀行の前身はＭＡＧ（Mutual Self-management）協同組合で、七〇年代後半から組合員から資金を集め、社会的なプロジェクトに資金を融資していた。その後、全国的に事業を広げる方針をとるなかで、九〇年代初めの法改正により銀行として認可されることが必要となる。そこで、九四年から銀行設立の準備を始め、出資金六五〇万ユーロで九八年に人民銀行の認可を受け、翌年に業務を開始した。〇六年末で、預金四・二億ユーロ、融資残高三・二億ユーロという小さな銀行である。定款には、次の「基本原則」が謳われている。

「社会的な利益を重視する。金融からの利潤は幸福を目的とする活動に還元され、平等に分配されなければならない。すべての業務において透明性を保ち、出資者だけでなく預金者の参加が組織の決定に反映されるべきである」

この基本原則がすべての業務に体現されている。たとえば預金。預金者は、融資を行う「社会的協同」「文化・市民社会」「国際協力」「環境」の四分野から自分の好きな分野を指定して預金できる。預金者の半分が、分野を指定しているという。

また、融資審査は、社会的な審査と経済的な審査の二段階で行われる。社会的な審査は当該地域の組合員グループ（倫理銀行は全国展開が可能な協同組合系銀行）が行い、そこにも、以下のように基本原則が反映されている。

①「武器の生産、環境に悪影響を及ぼす経済活動、人権侵害、労働搾取、保護されている生物への実験を伴う科学研究、環境を汚染するエネルギー源や農薬の生産、賭け事、性的産業」に関与していないという書類を提出しなければならない。

②自分たちの組織を説明するための書類に、「組織構造と労働力」として、出資者と組合員、職員、ボランティア、インターシップ、外部のコンサルタントなどを記入する欄がある。

③九つの価値(Value)を満たしているか、質問表に融資申込者が記入して提出する。九つの価値とは、民主的な運営、透明性、機会の平等、環境への配慮、社会的な質の創造、労働環境への配慮、ボランティアワーク、弱者への連帯、地域との結びつきである。各価値には、さらに具体的質問項目がある。たとえば、民主的な運営では出資者の会合への参加、機会の平等では性差別や人種差別がないこと、弱者への連帯では障害者の雇用など、合計三七項目だ。この質問表の回答内容について、組合員がチェックする。地域をよく知る組合員だからこそ、その真偽がわかるという理由からだろう。

①〜③について組合員の承認が得られれば、倫理銀行本店が経済的な審査を行う。また、イタリア生協連と協定を結び、生協連が取り扱うフェアトレード商品の生産者へ資金を貸し付けている。さらに、業務の透明性を高めるために、融資した貸出先の情報・概要は倫理銀行の情報誌やホームページで誰もが閲覧できるようにしている。

一方で、出資に対する配当はなく、預金者の半分は低い預金金利を選んでいる。不良債権比率は〇三年で一・五七％と低い。金利の優位性より、社会的な利益を望む人びとがたしかに存在することを、倫理銀行は私たちに教えてくれているのだ。

今日と明日を調和させるお金のもう一つの使い方――GLSコミュニティ銀行

GLSコミュニティ銀行の設立は、ドイツ西部のボッフム市近郊に住む人びとが、シュタイナー学校設立資金の融資を銀行から断られたことが発端だった。彼らはあきらめず、自分たちで銀行をつくる運動を展開し、ついに実現した。設立趣旨は「コミュニティ内に必要な社会プロジェクトに融資することを通じて、コミュニティの生活環境向上に貢献すること」だ。

有志が数口ずつ資金を出し合い、六一年に市民財団「地域のための信託協会」を設立。その資金でシュタイナー学校を設立し、信託財産として管理運営を行なった。協会のメンバーは金融ノウハウと資金を蓄積し、試行錯誤を重ねながら事業を徐々に拡大していく。その実績が認められ、七四年に地域組合銀行「GLSコミュニティ銀行」を設立した。GLSは、"G"emeinschaft（共同体）、"L"eihen（貸与）、"S"chencken（贈与）という三つの言葉の頭文字である。

ただし、設立後すぐに業績が伸びたわけではない。環境や教育に特化した銀行の経営は大丈夫なのかという見方が多く、苦労する時期が続く。九〇年代に入って、地球温暖化問題をきっかけに市民の環境に対する意識が高まり、預金者や組合員が急速に増えていった。

九五年には投資ファンド部門として、通常の銀行融資では資金調達ができない急成長中の事業やリスクの高い事業、たとえば風力発電などに出資するGLS出資株式会社を設立した。そして、環境問題を最重要課題に掲げる緑の党が政権に加わった九八年、政府が脱原発と再生可能エネルギー拡大へエネルギー政策の大転換を図ったことをきっかけに、環境分野の融資が拡大していく。

一方、地域のための信託協会は、市民・企業・財団からの寄付の受け皿として、現在も発展を続けている。地域のための信託協会、GLSコミュニティ銀行、GLS出資株式会社は互いに連携しあい、おカネの使い方を変えて社会に貢献したい市民の意志を反映している。

ところで、ドイツには環境事業に特化したエコバンク(八八年設立)があった。企業の環境・倫理活動を格付する会社の評価で毎年トリプルAを獲得し、九〇年代の環境ブームを背景に、急速に事業規模を拡大させていく。ところが、複数の大型案件の貸し倒れがあって二〇〇〇年に経営危機に陥り、保険出資会社DAG(銀行立て直しの会社)がエコバンクをいったん引き継いだ。

その後DAGから要請を受け、〇三年にGLSコミュニティ銀行がエコバンクを買収。不良債権を除く債権の三分の一と預金を引き継ぎ、一万八〇〇〇人の組合員が新たに加入した(当時のスローガンは「新しい銀行が生まれる――GLSコミュニティ銀行はエコバンクと共に」)。

このとき交渉段階でエコバンクを調査したGLSコミュニティ銀行は、エコバンクが安全性に問題があるところにも融資し、内部の経営・監査・融資のコントロールシステムができていなかったと指摘している。GLSコミュニティ銀行では三〇年間、ほとんど貸し倒れはない。社会的銀行といえども、金融判断はシビアでなくてはならず、どんなに内容がよくても採算がとれない事業には融資してはならない、という金融の基本的教訓を私たちに与えてくれた。

GLSコミュニティ銀行は全国に一四〇〇ある「地域組合銀行」の一つで、全国でのシェアは現在約一一％といわれる。〇七年末の組合員は一万四五〇〇人、顧客は五万六〇〇〇人、出資金は三五〇〇万ユーロ、預金高は約七億ユーロ、総資産残高は九億七〇〇〇万ユーロで、この数年二〇％前後の成長を続けている。

約四〇〇〇件の融資先（融資額は四億ユーロ）の分野は、オルタナティブな教育、有機農業・環境保全型農業、社会的につらい立場におかれている人びとの社会復帰施設、文化・芸術、再生可能エネルギー、老人ホームなど。分散して融資を行い、リスクの分散を図っている。預金者は、預金利息を支援したいプロジェクトに寄付できる。また、利息の全部や一部をいらないという人びともいるため、融資の金利を低くできている。

そして、透明性を重視するために年四回、雑誌『バンク・シュピーゲル』を発行し、融資先の公開や融資先の現状についての洞察を顧客に提供している。この雑誌は毎号、健康、教育、雇用など顧客の関心事について特集を組むなど、読み応えのある内容だ。

不良債権は少ない。その理由として、借入者の金銭面における律儀さ、物的担保でなく連帯保証人を要求することが事業成功への強い意志につながっていること、融資先の専門家の存在、いろいろな団体と協力して開発した優れたレーティング・システム（等級付け）、融資後の専門家によるコンサルティングなどがあげられている。

さらに、人智学協会[1]や地域との連携、ＮＧＯなどとの広範なネットワーク、周囲の支援者の存在も特徴的である。ボッフム市にある本店の四階建てビルは、地域のための信託協会を設立したときに市民から寄付を受けて建てられている。

本店ホールは人智学協会との共同所有で、一階の会議室では年に二回、芸術家の展覧会や作品の即売会が行われ、半地下のホールでは毎週一回夜、職員と幹部がさまざまなテーマで議論する。医療、ホームレス、学校など三〇の開発援助プロジェクトがあり、現場にも出向く。援助のための寄付集めも行い、イギリスのＮＧＯオックスファムと共同のプロジェクトをもつなどの実践的な活動を展開している。なお、支店はハンブルグ、シュツットガルト、ベルリン、フライブルグにある。

ここで取り上げた三つの銀行は、出資に対する配当、融資審査方法、海外支店の有無など事業内容に多少の違いはあるが、共通しているのは「社会のための銀行」という点だ。地域の非営利の事業に対する非営利の金融。透明性を重視し、出資者や預金者の銀行運営への参加を促す。「銀行は誰のためのものか」という問いへの答えが、ここにはある。

（1）オーストリア出身の思想家ルドルフ・シュタイナー（一八六一～一九二五）によって、霊学の立場から近代主義を内在的に克服して人間であることの意味を明らかにするために創られた思想と運動。神智学、ドイツ観念論哲学、ゲーテの世界観を統合し、シュタイナー教育、ホメオパシー医学、バイオダイナミック農法、キリスト者共同体、運動芸術オイリュトミーなどの土台になっている。

〔向田映子〕

2 イギリスのコミュニティ開発金融機関

危機に瀕した出版社

イギリス・ロンドンの中心部にほど近いところに、ゼッド・ブックス(Zed Books)社という出版社がある。こじんまりとした雑居ビルには看板が出ていないので、場所を教えられなければ、そこに出版社の事務所があるとは気づかない。

しかし、ゼッド・ブックス社は一九七七年の創業以来、環境、アフリカやアジアなどの開発、ジェンダー、人権・平和などグローバルな社会問題を扱ってきた社会的企業として、その名を広く知られている。研究所などから依頼を受けて学術書を出版するケースも多い。非営利企業として事業の剰余を公益目的に使うことを定款で謳い、九名の従業員が共同で出資・経営するワーカーズ・コープ(コレクティブ)でもある。

ゼッド・ブックス社は二〇〇三年一〇月、深刻な経営危機に見舞われた。商品である本を預けていた倉庫業者が倒産し、アメリカの企業に倉庫内の資産を差し押さえられてしまったのだ。司法機関に訴えて本の売り上げの五〇%を取り返したものの、弁護士費用が高くつき、手持ちの資金は底をつく。そこで、ナショナル・ウェストミンスター銀行などの大手銀行に融資を求めたが、担保となる資産をもっていなかったために、いずれも融資を断られてしまう。事務所は賃貸で、資産となるのは本だけ。その本も差し押さえられていた。

この窮状を救ってくれたのが、「コミュニティ開発金融機関」（ＣＤＦＩ＝Community Development Financial Institution）であるＩＣＯＦ（Industrial Common Ownership Fund、産業共同所有基金）とＬＲＳ（London Rebuilding Society、ロンドン再生協会）だ。コミュニティ開発金融機関というのは、一般の銀行が融資しないチャリティや社会的企業、貧困地区の住民などに対して融資を行う、非営利の金融機関で、日本のＮＰＯバンクと似ている。

ＩＣＯＦ自身、もともと協同組合運動のなかから生まれた組織であり、またゼッド・ブックス社が社会問題を問う本を出版していたことから共感を示し、ＬＲＳとともに約七三五万円（三万五〇〇〇ポンド）ずつ融資することにした。ＬＲＳは、ロンドンの貧困地区の再生をめざしてチャリティ（非営利組織、ＮＰＯとほぼ同義。イギリスではＮＰＯと呼ばず、チャリティとかボランタリー組織と呼ぶ）や地域組織や個人に融資する組織で、ＩＣＯＦと共同融資する場合が多い。

融資は事業を継続するうえで非常に役に立ったと、ゼッド・ブックス社財務担当マネージャーのマーガレット・リングさんは強調する。資金を借りる直接の契機となったのは倉庫会社の倒産に伴う経営危機だったが、実際にはその資金を、新しい本を出版するためのつなぎ資金や、コンピュータソフトの購入代金など、事業継続に必要な投資に使ったという。

ゼッド・ブックス社のように担保資産をほとんどもたない社会的企業にとって、無担保で融資してくれるコミュニティ開発金融機関はまさに〝命綱〟的な存在といえる。

老舗のＩＣＯＦ

ＩＣＯＦは、イギリスでもっとも歴史の長いコミュニティ開発金融機関だ。事務所は、ゼッド・ブックス社にやや近い市街地の一角にあり、七〇年代に盛んだった産業共同所有運動（労働者が共同で企業を所有・経営することを推進した）から生まれた。イギリスのコミュニティ開発金融機関の多くは二〇〇〇年以降に誕生しており、ＩＣＯＦが設立された七三年当時、コミュニティ開発金融機関という名称は存在していない。

老舗とはいえ、組織はいたって身軽だ。事務所はロンドン、ケンブリッジ、ウェールズの三カ所。わずか四名の職員がイギリス全土を飛び回って、数多くの融資に対応している。資本は約一四・七億円（七〇〇万ポンド）で、そのうち自己資本は五七％（四〇〇万ポンド）、残りの四三％（三〇〇万ポンド）は他の金融機関や公的機関から預かっている資金だ。ここから、現在は約九・五億円（約四五〇万ポンド）を貸し出している。

協同組合運動から生まれたこともあって、ゼッド・ブックス社のように、融資先の過半数がワーカーズ・コープで、残りがボランタリー組織や社会的企業だという。おもな資金の使途は、事業の運転資金、設備購入費用、当座貸越（融資の限度額を設定し、そこまでは自由に資金を借りたり返したりできる融資方法）、従業員による企業買収と協同組合への転換などだ。協同組合への転換は、他のコミュニティ開発金融機関にはないユニークな点といえる。

私に説明してくれたマネージャーのアンドリュー・ヒバートさんは、かつて協同組合を自ら設立し、何度も融資を受けた経験をもつ。九六年にＩＣＯＦに転職した。借りる側と貸す側の両方の経験をしているので、融資先に対してきめ細かな経営支援ができるそうだ。また、借り手の状況を考えて、申請があってから二〇日以内に融資の可否を決めることを誇りにしている。

イギリスのコミュニティ開発金融機関の現状

ＩＣＯＦやＬＲＳのようなコミュニティ開発金融機関は現在、イギリス全土に約八〇あるといわれる。いずれも、一般の銀行のサービスを利用できない企業や個人に対してサービスを提供し、社会変革を起こそうという目的をもっている。

貧困地区の住民やチャリティ、社会的企業などは、銀行で資金を借りられない。口座を開けないし、送金できない。一般の金融サービスが利用できないのだ（こうした問題は「金融の社会的排除」と呼ばれている）。

たとえば貧困地区の住民は、失業率が高いにもかかわらず、職業訓練の費用を払えない。起業したくても、投資する資金がない。住宅を手に入れたくても、先立つ資金がない。子どもに高等教育を受けさせる資金もない。イギリスでは人種・民族などのマイノリティが集住する地区を中心に、貧困の再生産が続いている。貧困地区でコミュニティ開発に献身するチャリティや社会的企業、コミュニティ組織にとっても、資金不足は深刻な課題である。

貧困対策として、チャリティの慈善活動や政府の補助金の伝統はあるが、資金を〝与える〟だけではいつまでも貧困地区の住民は自立できず、貧困問題は解決しない。そこでコミュニティ開発金融機関は、資金を貸すことによって住民やチャリティの経済的自立を図り、貧困問題の解決をめざしたのだ。

こうした非営利金融機関を束ねるのが、全国組織のCDFA(Community Development Finance Association、コミュニティ開発金融協会)だ。CDFAには全体の八割弱にあたる六二のコミュニティ開発金融機関が加盟し、加盟機関同士の交流やセミナーの開催、情報提供や経営指導、政府との協議など幅広い活動を展開している。また、コミュニティ開発金融機関は設立以来、免税制度や公的資金の投入などで政府との関係が密接であったため、CDFAは政府と協議する機会が多い。さらに最近では、民間資金の導入にも積極的だ。

CDFAがまとめた〇五年の加盟組織の経営状況によれば、加盟組織全体で九四五億円(四・五億ポンド)の資金をもち、約一万八〇〇〇の組織・個人に対して約三八〇億円(一・八億ポンド)

の融資を行なっている。資金額は前年比一二・五％増、融資額は前年比二三％増だ。これらの融資によって八万八〇〇〇人の雇用を維持し、新たに一万一〇〇〇人の雇用を生み出したという。

融資額は約一万円～約二億一〇〇〇万円（五〇～一〇〇万ポンド）と幅広いが、標準的なのは一件あたり約二一〇〇万円～一億円（一〇万～五〇万ポンド）だ。融資額の過半を占めているのは社会的企業だが、融資件数でみると六割近くが個人向け融資となっている。社会的企業には、ゼッド・ブックス社に加えて、コミュニティバス会社、貧困地区で営業するパソコン教室、コミュニティレストラン、高齢者在宅介護サービス事業など多様な業種がある。社会的企業への融資額が平均約九〇〇万円（四万三五〇〇ポンド）であるのに対して、個人への融資額は平均約一三万円（六〇〇ポンド）と、その差は大きい。

ＣＤＦＡ職員のクレア・キャフリーさんは、「コミュニティ開発金融機関はきわめて多様なので、一言で共通する性質を表現できない。個人融資もあれば、社会的企業への融資もある」と話す。ＣＤＦＡは、コミュニティ開発金融機関を、その規模や特性に応じてコミュニティ開発クレジットユニオンや社会的銀行など五種類に分類（表1参照）している。

ＣＤＦＡに加盟するなかには小規模な組織も多い。スタッフが一～二名で、特定の地域を対象とした融資事業を目的とし、スタッフ総出で地域に出かけて住民に接触し、一～二の融資を

表１　CDFIの種類

名称	コミュニティ融資ファンド communityand enterprise loan funds	マイクロクレジット融資 microcredit providers	コミュニティ投資基金 community investment trust	コミュニティ開発クレジットユニオン community development credit union	ソーシャルバンク social bank
融資対象	中小企業	小企業	個人～小企業	個人～零細企業	中～大企業
融資額	1万~5万ポンド	5000~1万ポンド	――	――	――
おもな特徴	地域に基盤を置き、コミュニティ内で活動する社会的企業を支援する	高リスクのため、リスク軽減の目的で担保や個人保証、連帯保証を求める	個人融資からスモールビジネスやマイクロビジネスまで、多様な融資のスキームを用意	非常に小規模(1人で運営している場合もある)。貧しいコミュニティの開発にかかわっている	金融庁の監督下にあり、求められる要求水準が高い。一般の預金者から集めた資金を融資する

始めたばかりというのが、典型的な姿だ。組織に名前をつけてリーフレットを刷り、マーケティング調査をして、職員を雇い、何とか企業としての体裁を整えつつある状態だという。

また、加盟組織の四割以上は、融資事業を始めて二年も経っていない、できたての組織だ。そのため、「これから力量を高めなくてはならない」とキャフリーさんは指摘する。近年、組織の数も融資額も急成長してきたコミュニティ開発金融機関だが、財務基盤の強化や職員の人材育成など、課題は山積している。

コミュニティ開発金融機関を支える公的制度

アメリカではクリントン元大統領によって、コミュニティ開発金融機関に対する各種の支援制度が設けられた。連邦政府から認定を受けると、補助金や税の減免の対象になる。地域再投資法（ＣＲＡ、一七〇ページ参照）の格付けでも優遇されている。それゆえ、大銀行がＣＲＡの格付けを上げるためにコミュニティ開発金融機関を積極的に投資するのだ。

イギリスのブレア前首相はこうしたアメリカの経験を取り入れ、従来からあったクレジットユニオンへの支援にとどまらず、九八年以降、コミュニティ開発金融機関を広く支援する政策を積極的に打ち出した。九九年には公的基金「フェニックス・ファンド」を設立し、貧困地域や社会的に不利な人びとが事業を起こしたり住宅を入手したりする支援を始める。コミュニティ開発金融機関は、この基金を主要な財源として融資事業を展開できた。

また、〇三年には減税制度（CITR＝Community Investment Tax Relief）を施行した。個人投資家・機関投資家によるコミュニティ開発金融機関への投資を奨励し、投資家の所得税・法人税から一定割合を減税するものである。投資家がコミュニティ開発金融機関に五年以上投資すると、一年あたり投資額の五％相当分が減税される。これが五年間続くので、五年間で計二五％分の減税となる。貧困地区の企業には既存の金融機関から資金が十分に流れていないので、民間の投資を呼び込む仕掛けとしてインセンティブを与えたのである。これによって、コミュニティ開発金融機関はより有利な条件で資金を集められるようになった。

しかし、フェニックス・ファンドは〇六年三月をもって終了となり、公的資金による支援は地方開発局(RDA＝Regional Development Agency)に移管された。減税制度は存続しているものの、ブレア政権はコミュニティ開発投資政策から手を引いたのである。

その背景の一つに、コミュニティ開発金融機関が当初の期待に応える結果を出していないという失望感が政治家や投資家にあったようだ。ブレア政権は福祉政策において、従来の補助金に代わって融資という市場メカニズムを活用しようとした。投資家は、CDFIが取り組む貧困地域の再生や福祉事業に新たな投資機会を見出そうとした。だが、CDFIの数は二〇〇〇年以降たしかに急増したものの、まだ組織の規模が小さく、リスクは高く、政府資金に依存している組織も多い。貧困地区の問題が一気に解決したわけでもない。政治家や投資家は短期間での成果を期待するため、それが失望感につながったのだろう。

これに対して、新経済研究所(NEF＝New Economic Foundation)は反論する。同研究所の調査によれば、コミュニティ開発金融機関はこれまで、貧困地区の再生に十分に貢献してきたという。ただし、当初の期待が高すぎたために、いったん失望感に転じると今度は実績を過小評価し、期待があきらめに変わってしまうようだ。同研究所がコミュニティ開発金融機関にアンケート調査したところ、七二％は十分に事業資金を得られなかったと答えており、減税制度が有効な資金調達手段だと答えたのは四％にすぎない。

融資にはなじまない事業分野も、少なからず存在している。たとえば、地域の子どもに動植物と触れ合う機会を無料で提供するCity FarmというＮＰＯは、さまざまな補助金・寄付金で運営費用を賄っているが、お金を借りる余裕はまったくないという。また、マイクロファイナンスという手法は、資金を借りて事業を行う力のない人もいるため、最貧困層の救済に必ずしも有効とは限らないと指摘されており、補助金・助成金の給付は欠かせない。補助金・助成金を単純に融資に置き換えるのは、やはり無理があるといえよう。

そして、過半数のコミュニティ開発金融機関は、公的資金による支援が地方開発局に移管されたのはマイナスだったと答えている。地方開発局によって対応が異なり、スムーズに制度を運用できなくなったためである。また、減税制度は大規模な金融機関の資金集めには有効だが、できたばかりの零細組織にとっては利用しにくい。減税の手続きが複雑でむずかしいこともあるが、実績も知名度もないため銀行からの信用が弱く、大手のコミュニティ開発金融機関との競争で不利な立場に立たされるという事情もあるようだ。

コミュニティ開発金融機関自身の経営努力は、もちろん不可欠だ。ＣＤＦＡは加盟組織に対して経営状況の監視などガバナンスの強化や経営実績の透明化を働きかけ、信頼される組織づくりに力を入れている。とはいえ、コミュニティ開発自体がそもそも高収益を期待できない、リスクの高い公益事業であり、政府の支援なしではとうてい成り立たない。

日本においても、政府による息の長い公的支援が、ＮＰＯバンクのようなコミュニティ開発金融機関に対して必要なのではないだろうか。

【参考文献】

小関隆志「イギリスにおける非営利組織融資システム――コミュニティ開発金融機関（ＣＤＦＩ）の現状と課題」明治大学経営学研究所『経営論集』第五三巻一・二号、二〇〇五年。

小関隆志「アメリカ・イギリスのコミュニティ開発金融機関（ＣＤＦＩ）によるマイクロファイナンス」社会政策学会編『格差社会への視座――貧困と教育機会』法律文化社、二〇〇七年。

Jessica Brown and Sargon Nissan, *Reconsidering UK Community Development Finance*, New Economics Foundation, 2007.

Inside Out 2005 : The State of Community Development Finance, CDFA, 2006.

〔小関隆志〕

3 「市場の失敗」の是正――米国とフランスの経験から

「おカネの性格」と市場

そもそも、おカネは「利の高いところ」を求めて動く。したがって「金融の自由化」を行えば、儲けを求めてグローバルに動き回ると同時に「利の高いところ」に集まる。それがおカネというものなので、結果として富の集中と貧困が並立する歪んだ世界を生み出す。それにもかかわらず、現代社会において「自由化」「グローバル化」が当然と認識されている。それは、資本主義社会では「自由な競争」が重んじられ、アダム・スミスが言うように「(神の)見えざる手」により、「もっとも効率的な社会を実現する」と考えられているからだろう。

しかし、「GDP(国内総生産)の高さ」は必ずしも「ゆたかな社会」を意味しない。経済学的に「国が栄えている」としても、それが生活者としての人間の「ゆたかさ」を意味するものではなく、単に国内にある「金銭的な富の多さ」を表しているにすぎないからだ。

さらに、「自由化」「グローバル化」によって経済が発展すればするほど、おカネの「利の高いところに流れる」という性格が顕著になる。そのため、資金的に「オアシスのような地域(都心)」と「砂漠のような地域(地方)」に分かれ、格差がドンドンと広がる。「砂漠のような地域」

はますます疲弊し、利が低い業種はさらに衰退し、人間が「ゆたかさ」を感じる環境が消えていく。

このような事態は市場に任せておいても改善しない。むしろ悪化するので、制度的な規制が必要になる。このような状態を一般に「市場の失敗」という。それを是正するために、政府などが介入して制度的な歪みを取り除くことが必要となる。

「市場の失敗」と地域再投資法

実際、「自由な国」「グローバル化がもっとも進んだ国」として知られる米国でさえ、「金融の自由化」が進展するなかで、一部地域の切り捨てが問題になっている。その対策のため、一九七七年に地域再投資法(Community Reinvestment Act)が制定された。この法律は、地域内で集めた資金はその地域に再投資されるべきであるという考え方に基づいている。(1) したがって、経済的に活性化していないために事業収益率が低い地域であっても、その地域で集めた資金は原則、その地域に再投資することを要請される。

「要請する」だけでは効果は上がらないが、地域再投資法では、金融機関(とくに銀行)がどのようにその地域の資金ニーズに応えているかを常に監督官庁が監視し、その結果をもとに地域への貢献度合いをランク付け(レーティング)する。これは、金融機関がその地域内に支店を拡大するための申請などを行う際に、それまでの貢献度合い(つまり、監督官庁が公表するレーティング)が重要な要件となることを意味している。

それゆえ、金融機関が地域内で営業活動を行う際、その地域で調達した資金は、たとえ「利」[2]が低くてもその地域への再投資を優先しなければならないことになる。このような仕組みになっているので、金融機関が集めた預金を、その地域の資金ニーズを無視してグローバル展開のためには使用できない。

「資金が地域に流れるだけでよい」というほど単純ではないが、市場に任せておいても、アダム・スミスの言う「(神の)見えざる手」が働き、自然に問題が解決するわけではない。そのため、おカネをグローバル経済に投入するだけではダメで、地域の資金ニーズに対応させる制度が必要とされたのだ。これはどこの国にも必要であり、地域再投資法は米国における対策の一例にすぎない。

市場型システムにおける対策

地域再投資法があっても、米国ではいまなおさまざまな問題が発生している。たとえば、低所得者向けサブプライムローン問題は「市場の失敗」の一つである「証券化の失敗」により引き起こされたものである。原油の高騰も、アメリカナイズされたグローバル・スタンダードにより、世界中の市場がグローバル化したことに起因する。

なぜなら、サブプライムローン問題を契機として増加したドルが世界中に散らばり、その時点でもっとも「利」が高かった原油相場に流れ込んだことで、原油価格を押し上げていったからだ。サブプライムローン問題の根は想像以上に深く、金融市場の混乱は現在もなお続いている。さらに、幅広い需要を支えている住宅業界の問題だけに、経済そのものに対する痛手も非常に大きく、景気の底はいまもって確認できていない。そうした状態で金融緩和をし続けたため、実物経済からいえば余剰といえる資金（ドル）が、米国内に存在することになった。

金融緩和によって通貨量が増加しても、他の国を巻き込むことは少ない。しかし、ドルは世界で通用する通貨である。米国で「利を求める場」がなければ、利を求めて世界中を席巻する。そのため、まず金相場の上昇をもたらし、続いて原油相場にも流れ込んだ。そして、枯渇の可能性があり、発展途上国の台頭を考えれば今後の需要が見込まれるというきわめて単純な理由によって、原油は上昇を始めたのである。

相場というものは、それを多くの人が信じれば上昇する。上昇によって「利」があれば、どんどん資金が流れ込んでいく。その結果、相場を押し上げることで「上昇するからまた資金が流れる」というバブル状態になる。これが現状の原油高を支える仕組みだ。このような最近の事例をみるだけでも、米国の制度が成功しているわけではないことがわかる。米国においても、問題が起こるたびに制度を修正し、改善をはかっているのだ。

そもそも、「金融」というのはおカネの貸借なので、そこには時間が関係している。つまり、現在と未来をつなぐのがおカネなので、当然、そこに住まう人びとの慣習やモノの動きが大きく影響を与える。たとえば、モノの遠隔取引が多く、輸送に危険が多い場合は、為替取引が発達するから、銀行型金融になる可能性が高い。これに対して、国民所得も貯蓄高も多い社会では、投資家が台頭し、自らリスクを取って資産運用をする場合が多い。したがって、証券市場が発達し、市場型金融になる可能性が高い。

歴史的にみても、産業革命によって早期に産業資本主義に移行したイギリスでは、生産性が高い企業が多く、金融市場に規制をつくらないほうが、資金調達がスムーズであった。そのため、市場型金融を中心とする社会になったのである。他方、産業革命という意味では後進的な日本やドイツでは、世界に開かれた金融市場では資金が国外に流出してしまううえ、国民所得が比較的低かったため、直接的な投資では資金調達がうまくいかない。それゆえ、銀行システムを通じた金融市場が発達した。

このように金融的な慣行や仕組み(これらを含めて「金融システム」という)は、その国独自の方法によって改善・改革が進められ、それが集約されたものとして、現在の金融システムが構築されている。(3) 米国の金融システムが今日のようになったのも、米国の独自な歴史的流れがあったからといえる。

このような歴史のなかで、「市場の失敗」によって流れなかった資金を地域再投資法によって矯正し、地域金融機関を通じてファンド（この場合、コミュニティ・ファンドなど）の形で当該地域に資金供給するようになったのだ。これは「直接おカネが流れる形式」なので、ファンドが選定した企業や団体が破綻した場合は出資割合に応じて、資金拠出者にリスクが及ぶ。そこで、制度的な仕組み[4]を工夫し、さらに税額控除などを使うことによって、投資家のトータルとしてのリスクを軽減し、リターンを高めるシステムが構築されている。これが米国型の地域金融システムといえよう。

銀行型システムにおける資金循環

市場型システムでは、証券市場が存在するので、（価格を無視すれば）資金提供者は比較的容易に資金を移動させられる。それに対して、銀行型システムにおいては銀行自体が貸出債権を保有することが多いため、貸出先企業に問題が起こっても、すぐには逃げ出せない[5]。それゆえ、市場型システムに現れるような激しい資金偏在が、それほど顕著には起こらない。

とはいえ、巨大銀行が存在する場合には、その銀行に必要以上に資金が集中するのが普通である。これも「おカネの性質」に起因するが、金融には必ず「規模の経済性」が働くからだ。

つまり、小さい貸し出しを小まめにこなすよりも、大口の貸し出しをするほうがコスト面で得であり、効率のよい運用ができる。そのため、資金が多く集まる銀行のほうが「利」も高く、安全なのである。

預ける側も安心しておカネを持っていくことができるので、大きな銀行ほど預金が集まる。そして、大きく集まった資金は小まめに貸すとコストがかかるので、巨大銀行は資金ニーズの高い都会の企業やグローバル企業に貸す。このように銀行型システムにおいても、おカネの「利の高いところに動く」という性質が発揮され、資金的な「砂漠のような地域」が生まれる。

日本の地域金融システム

したがって、銀行型システムにおいても市場型システムと同様に資金の偏在が起こる。その対策として日本で行われているのは、協同組織金融機関を金融システムに加えることであった。つまり、資金的に「砂漠」となるような地域・業種・主体（地方・第一次産業・労働者）に対する資金供給を優先的に行う「非営利」の金融機関を設置したのである（信用金庫、農業協同組合、労働金庫など）。

しかし、それは「優先担当業務が割り当てられたにとどまり、分断は絶対的なものではなかった」[6]。それゆえ、「金融の自由化」が開始されたとき、非営利であるとはいえ「規模の経済性」

や「経営の効率化」のもと、たとえば九五年に破綻したコスモ信用組合（東京都）のように、本来の理念とは異なった行動をした金融機関も存在した。さらに、バブル経済の崩壊を受け、不良債権化問題などが表面化するなか、協同組織金融機関も貸出先のしぼりこみを進めていく。その結果、日本の各地に「資金的な砂漠」が発生することになった。制度的には、協同組織金融機関が「資金的な砂漠」を起こさないように資金手当てすることになっている。だが、それらの機関も預金を取り扱う金融機関であり、おカネ（「預金」＝おカネ）を発行する主体である。信用秩序の維持を考えた場合、「預金」を危険にさらすような経営判断を行うことはむずかしく、監督官庁もそれを許さなかったのであろう。

非営利協同組織型貸金業の制度的な必要性

このように日本では、預金保護の観点から、リスクが高く、事業収益率が低いために資金的に「砂漠」となるような地域・業種・主体に対する資金供給に、協同組織金融機関が慎重になるのは当然である。また、米国の地域再投資法のような法律もないので、現状のままでは「資金的な砂漠」に資金が回らない状態が続く。

そこで参考になるのは、同じ銀行型システムに属するフランスの取り組みであろう。フランスでは、「リスクが高くて民間金融機関が取り扱いに消極的な創業資金を、民間非営利組織を通じて供給」している。[7] 現在、四つの全国ネットワークが存在し、いずれも失業者などが自己雇用の場を創出することを目的として活動している。

このように「資金的な砂漠」に対して、預金取扱金融機関ではない協同組織の貸金業やファンドが入るようにすれば、協同組織金融機関が預金保護の観点から資金供給できなかった主体に資金を回すことが可能になる。さらに地域再投資法のような対策をとれば、効果が大きくなるだろう。

営利を目的とせず、預金取扱金融機関でない協同組織の貸金業として、いまの日本に存在するものが「ＮＰＯバンク」である。それは「市民金融の趣旨に賛同した市民・団体の出資により組合を作り、融資を行う」ものであり、「原則無担保で低金利、融資を受けるには融資を受ける市民・団体自身が出資していることが条件となることが多い[8]」。いまのところフランスにおける民間非営利組織に比べれば非常に小さいものの、ＮＰＯバンクを軸に日本版地域再投資法などの対策を講ずれば、「資金的な砂漠」の解消に道筋ができるのではないだろうか。

（1）原司郎『地域金融と制度改革』東洋経済新報社、一九九〇年、一〇二ページ、参照。

（2）貸し出しによって得られる「(リスク考慮後の)利益自体が低い」というだけでなく、銀行自体が当該地域で貸し出しをあまり行なっていない場合には、貸し出し自体からの波及効果も少ないと考えられる。

（3）Allen and Gale が指摘するように、英国や米国は Market–oriented Systems（市場型システム）に属し、フランス、ドイツ、日本は Bank–oriented Systems（銀行型システム）に属している（Allen, Franklin and Gale, Douglas, *Comparing Finacial Systems,* The MIT Press, 2001, pp.30–39.）。

（4）当該地域開発のために必要となる資金を集約するために、投資家と最終的な地域開発者の間で、たとえば、コミュニティ開発金融機関（ＣＤＦＩ）が利用されている。

（5）つまり、銀行は経営に否が応でもコミットせざるをえないことになる。

（6）伊藤修『日本型金融の歴史的構造』東京大学出版会、一九九五年、一三五ページ。

（7）村上義昭「フランスの中小企業金融」国民生活金融公庫『調査季報』第七四号、二〇〇五年。

（8）阿部圭司「コミュニティ・ビジネスのためのファンディング・システム」高崎経済大学附属産業研究所編『事業創造論の構築』日本経済評論社、二〇〇六年。

【参考文献】

菊池道男・前田拓生「金融機関における剰余金の配分に関する考察」『中央学院大学商経論叢』第二二巻第一号、中央学院大学商経論叢編集委員会、二〇〇七年。

前田拓生『銀行システムの仕組みと理論』大学教育出版、二〇〇八年。

村本孜『リレーションシップ・バンキングと金融システム』東洋経済新報社、二〇〇五年。

〔前田拓生〕

第5章 おカネが変われば世界が変わる

1　金融が変わり始めた

エコ貯金キャンペーンから見えてくる預金者の「思い」

「目に見えないおカネが、どのように使われているか、考えたことがありませんでした」
「自分のための貯金だけど、社会のことを意識する。自分の意思で選ぶ。すごく大事な一歩に思えます」
「一人ひとりが動かないと社会は変わらない。私は動いて、社会を変えたい。まずは貯金から」

これらは、Ａ ＳＥＥＤ ＪＡＰＡＮエコ貯金プロジェクトが二〇〇五年三月から始めた「口座を変えれば世界が変わる エコ貯金キャンペーン」に寄せられたメッセージの一部だ。このアクションは、自分の銀行口座を「便利さ」や「利息」だけでなく、「健全性」や「環境・社会的な取り組みをしているか」という視点で選ぶ、新しい貯金スタイル「エコ貯金」を実践する宣言を集めるという、これまでに例のないキャンペーンである(ここでは「貯金」を、銀行への預金、郵便貯金、たんす預金などを含めた広義の意味で使用している)。

〇八年六月まで三年以上の間、アースデイ東京、ａｐｂａｎｋ ｆｅｓなどの環境／音楽イベントおよびＡ ＳＥＥＤ ＪＡＰＡＮウェブサイトでの呼びかけを通じて、一一〇〇人(ＮＧＯなど団体からの宣言は一団体＝一人とカウント）を超える市民が宣言を行い、「預け替える」と宣言された金額の合計は七億円を超えた。また、宣言とともに集められたメッセージからは「自分の預けたおカネを環境・社会に配慮した形で使ってほしい」という一人ひとりの熱い思いが感じられ、エコ貯金の意義が広く受け入れられていることを認識できた。

エコ貯金の意義と背景

Ａ ＳＥＥＤ ＪＡＰＡＮエコ貯金プロジェクトでは「環境や社会に配慮したお金の流れをつくる貯金スタイル」を「エコ貯金」と定義し、それを普及するための啓発活動と、金融機関への提言活動を行なっている。この活動には、企業の社会的責任（ＣＳＲ）が近年ますます重要性を帯びてきたという背景がある。すなわち、企業が与えている環境負荷や社会的悪影響を可能なかぎり削減し、本業の経済活動において社会問題の解決や持続可能な発展に資源を振り分けていくことが求められているのだ。

金融機関の果たす役割は、いまの経済全体の流れのなかで非常に重要である。なぜなら、社会問題の解決や持続可能な発展に貢献する＝社会的責任を果たしている事業・企業におカネを流し、環境負荷や社会的な悪影響を及ぼす事業・企業におカネを流さないことで、経済全体をエコロジーで持続可能なものにする原動力となれるからだ。

図1 エコ貯金キャンペーン賛同者の預け先の変化

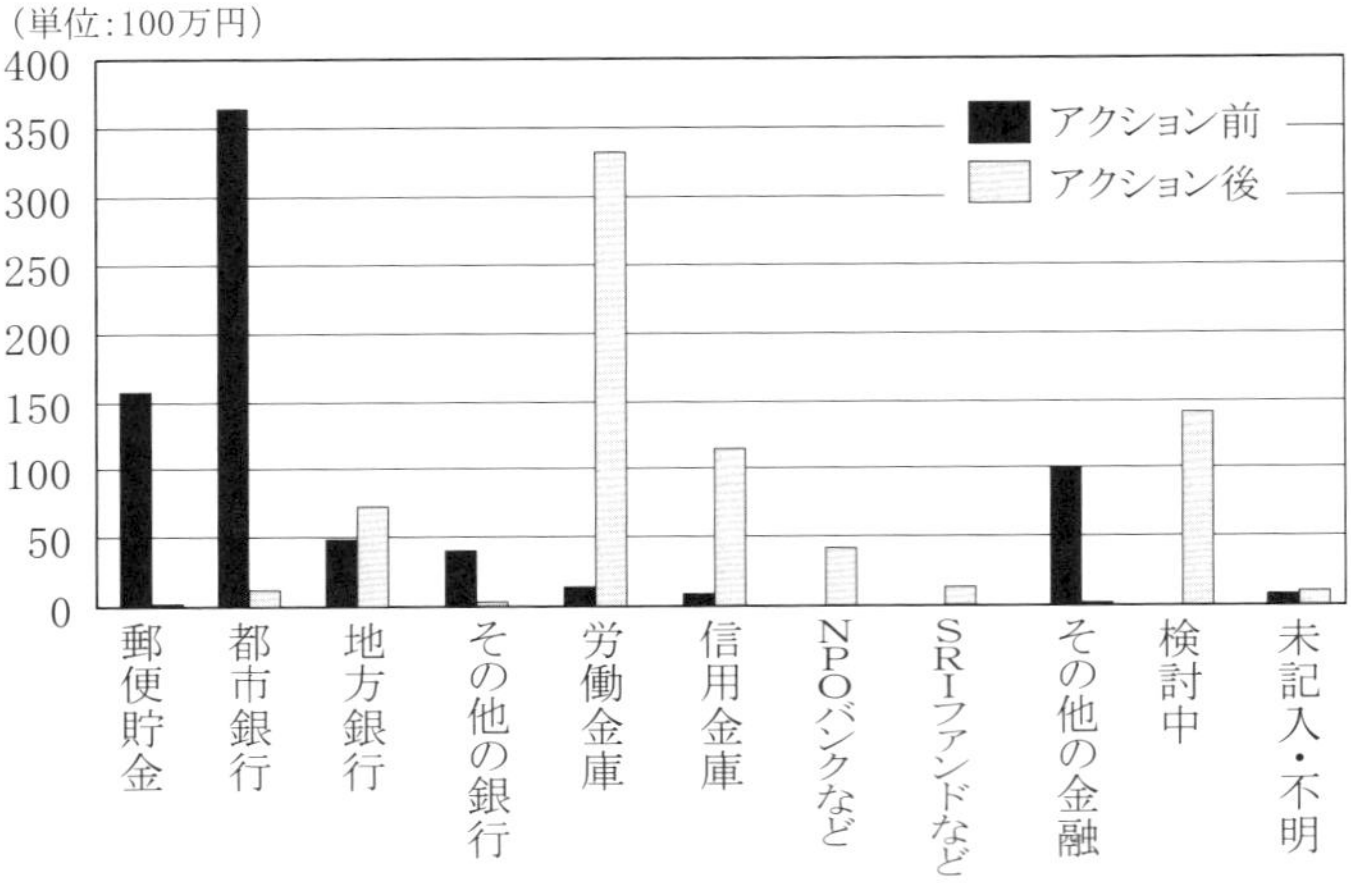

(注) SRIファンド＝Social Responsible Investment Fund。環境・社会配慮型の企業の株を集めて投資信託として販売する。

したがって、エコ貯金は次のように定義できる。「市民自らが、環境や社会により配慮していると考えられる金融機関やファンドを選ぶことで、社会的責任を果たす企業や地域のコミュニティに資金が循環するようにする。さらに、それによって金融機関に社会・環境に配慮した融資、投資を行うようにインセンティブを与え、経済システム自体を持続可能なものに近づけていく取り組み」と。エコ貯金は、まさに企業の社会的責任が重視される時代の新しいエコなライフスタイルといえる。

市民が選んだ金融機関

その市民の「選ぶ」行動を具現化したのが、先に述べた「エコ貯金キャンペーン」

だ。三年間で一一〇〇人を超える宣言が集まったわけだが、その「アクション前」と「アクション後」の金融機関やファンドの種類別のおカネの動きを見たのが図1である。あくまで宣言なので、実際にこのすべてが移ったわけではないだろう。とはいえ、環境に配慮した形でおカネが使われてほしいという預金者の思いが反映された金額と考えてよいだろう。

宣言前には約七〇％を占めた郵便貯金（郵貯）や都市銀行の合計が約二％と大幅に減少し、代わりに地域金融機関である地方銀行や、非営利金融機関である信用金庫、労働金庫のシェアがそれぞれ約一〇％、一五％、四五％へと大幅に増加した。NPOバンクへの出資や、最近広がりを見せている社会的責任投資（SRI）に挑戦しようという預金者が約八％を占めたのも、印象的だ。

郵貯や都市銀行からおカネを引き出したいという人が多かったのは、やはり銀行の本業である投融資活動における取り組みが不十分と評価されている結果だろう。自然エネルギーなどの環境事業へのより積極的な融資や、社会的な事業に対する優遇金利の導入など、まだまだ取り組むべき課題があるという預金者のメッセージが見えてくる。

また、地方銀行、信用金庫、労働金庫などにおカネを移したいという人が多かったのは、いくつかの地方銀行の先進的取り組み（滋賀銀行の環境配慮型定期預金や八十二銀行の環境会計の導入など）や、労働金庫、信用金庫の非営利性や理念が評価された結果と考えられる。ただし、こうした取り組みは全国的にはそれほど広まっておらず、まだ選択肢が限られている。今後、地方の金融機関同士で、環境や社会的取り組みの競争がさらに加速されていくべきだろう。

そして、比率としてはまだ小さいものの、ＮＰＯバンクへ出資したいという市民が九％存在しているというのも注目に値する。国内の銀行などへの預金額は七〇〇兆円程度で、ＮＰＯバンクの資産規模は数千万円〜数億円程度だ。それでも、全国で仮に六％の市民が自分の預金の一〇〇分の一でも出資したとすれば、七〇〇兆円×〇・〇六×〇・〇一＝四二〇〇億円もの金額がＮＰＯバンクに流れ込むことになる。

これはあくまで計算上の数値だが、ＮＰＯバンクの認知度が向上していけば、より多くの出資を集めるだけのポテンシャルはあることを示している。本書でこれまで見てきたとおり、ＮＰＯバンクへの出資には元本保証がなく、預金のように自由に引き出すこともできない。それでも出資したいという人がこれだけの比率でいることは、ＮＰＯバンクのニーズを端的に示すものである。実際、「エコ貯金キャンペーンをきっかけにＮＰＯバンクを知り、出資した」というれしい話を各所でいただいた。

日本のソーシャル・バンク＝ＮＰＯバンクのもつ影響力

こうして市民から期待と注目を集めるＮＰＯバンクは最近、一般金融機関にも影響を与えようる存在になっている。

〇八年一月、ソーシャル・ファイナンス（社会的金融）に先進的に取り組む国内外の金融機関が一堂に会する国際フォーラム「わたしたちのお金で未来を創る～ソーシャル・ファイナンスへの挑戦～」を、筆者の所属するＡ　ＳＥＥＤ　ＪＡＰＡＮとＮＰＯ法人まちづくり情報センターかながわの共催で開催した。お招きしたのは、ドイツのソーシャル・バンクの老舗ＧＬＳコミュニティ銀行、先進的な倫理基準の導入で知られるイギリスのコーポラティブ銀行、日本で初めて一般金融機関としてＮＰＯ法人への融資に取り組み始めた近畿労働金庫だ。

このフォーラムでＧＬＳコミュニティ銀行の広報部長クリストフ・リュッツェル氏は、自行の特徴はその透明性にあると強調した。同行は一九六一年に、シュタイナー学校をつくるための市民財団として発足し、七四年に地域組合銀行の認可を取得。設立以来、低エネルギー住宅、再生可能エネルギー、自然農業、オルタナティブな教育、高齢者福祉などの社会的事業に一貫して投融資を行い、かつ融資先を『バンク・シュピーゲル』ですべて公開してきた（一五五ページ参照）。通常の金融機関であれば、信用上の問題から融資先を公開するのはむずかしい。だが、リュッツェル氏はこう力説した。

「融資先の公開が問題になったことは一度もない。融資を求めに来る人はすべて公開されることがわかっているし、『バンク・シュピーゲル』での公開は一種のステータスになっている」

これは、日本のNPOバンクのアピールポイントとまったく同じである。そして、GLSコミュニティ銀行の顧客満足度は高く、ドイツ国内の他銀行と比べても高い成長率(〇七年は約二〇%)を上げているという。

一方、コーポラティブ銀行の公共セクターであるコミュニティ開発部長のデビッド・ダン氏は、同行を「イギリスで唯一、明確に定義された倫理基準を有する銀行である」と紹介した。同行の倫理方針は九二年に顧客へのアンケートをもとに導入され、「基本的人権を守らない企業」「圧制的な政権との武器取引を行う企業」「遺伝子組み換えに関与する企業」への融資を拒絶する一方、社会的企業やコミュニティ開発金融機関(CDFI)を支援する方針を掲げている。

この方針のもと、九二年以来約一四七〇億円(七億ポンド)分の融資案件を拒絶してきた。これについても通常の金融機関であれば、「厳格な倫理基準は収益を犠牲にするのでは」との声が聞かれそうだが、コーポラティブ銀行は倫理方針を導入以来、急速に利益を伸ばしている。九二年から〇四年にかけて、営業利益は一三倍になった。「こうした企業で働けることが誇り」というダン氏の言葉は、その実績に裏打ちされたものだ。そして、こうした「倫理性」も、日本のNPOバンクがもつ特徴と完全に合致する。

また、近畿労働金庫は、「ソーシャル・ファンド型預金」の取り組みを紹介した。これは、京都労働者福祉協議会からの一〇〇〇万円の預金を担保として、地域のNPOに対して五〇〇〇万円の融資枠をつくり、融資審査に先立つ社会性審査は中間支援組織きょうとNPOセンターが実施するという、まさしく三位一体のスキームである。このスキームにより、同金庫はそれまで貸し出せなかったリスクの高い創設期のNPOへの融資が可能となったという。

当初は新規にNPOバンクをつくるという話もあったようだが、関係者の協議の結果、今回のスキームに落ち着いたそうだ。ここでも、NPOバンクの広がりがスキームづくりの大きなヒントになったことは間違いない。

フォーラムは二日間でのべ二三〇名の参加者を集め、盛況であった。とくに、金融機関関係者、なかでも若手職員の参加が多かったのが印象的である。彼女ら／彼らは口々に「海外の先進事例や近畿労働金庫の取り組みの素晴らしさを目の当たりにした」と話し、「こうしたソーシャル・ファイナンスに対する理解を深めていきたい」との意欲を見せていた。その後ある金融機関の若手職員は、自主的にソーシャル・ファイナンスの勉強会を社内で企画し、将来はソーシャル・ファイナンスに相当するような金融商品をつくりたいと勉強を始めている。

NPOバンクは、ソーシャル・ファイナンスのより身近な「お手本」として捉えられてきた。海の向こうだけではなく、日本でソーシャル・ファイナンスに先進的に取り組むNPOバンクが存在することで、金融機関がその意義や手法をより理解しやすくなっているのだ。

ＮＰＯバンクと金融機関とのコラボレーションの可能性

このフォーラムから二週間後の二月二一・二二日には、「第三回全国ＮＰＯバンクフォーラム」が開催された。このフォーラムのある分科会にも中央労働金庫、近畿労働金庫、西武信用金庫、三菱東京ＵＦＪ銀行が参加し、ＮＰＯバンクと金融機関との協働可能性を探る議論も交わされた。そこでは、両者の大きな違いは、既存金融機関がやはり一定の担保主義的な考え方から抜け出せないのに対して、ＮＰＯバンクは出資という「リスクが取れるおカネ」が集まっており、担保なしでも機動的に資金を供給できる点であるという意見があった。

今後は、こうしたＮＰＯバンクと既存金融機関の双方の特色を活かした金融の仕組みが必要ではないだろうか。たとえば、既存金融機関のみで融資するにはリスクが高すぎる一方で、ＮＰＯバンク単体にとっては融資規模が大きすぎる案件については、既存金融機関とＮＰＯバンクが協働することによって、リスクを分担しながらスムーズに融資を実現できると考えられる。実際に、コーポラティブ銀行は、イギリスのＮＰＯバンクに相当するコミュニティ開発金融機関と協同で融資を行うこともあるという。

こうした取り組みは、既存金融機関のＮＰＯへの融資に対する理解を深める効果も大きいといえよう。実現にはまだまだ時間がかかると考えられるが、ＮＰＯバンクと既存金融機関とのコラボレーションによって、より規模の大きなＮＰＯや社会的事業を支援することは、社会的事業の拡大と普及という面からも大きな効果をもつだろう。

また、より広く見ると、現在金融機関が実施し始めている環境配慮型金融にも、間接的にＮＰＯバンクの存在が影響を与えていると考えられる。その一例として、滋賀銀行が〇八年七月に開始した事業者向け環境配慮型融資「未来の芽」を取り上げよう。

これは、預金者が、「未来の種」という定期預金に預けたおカネを原資として、環境配慮に先進的な事業者や、温室効果ガス削減への取り組みに必要とされる資金を融資する仕組みである。意志ある預金者が預けた特定の預金を、直接的に環境事業に活かそうとする取り組みは、国内の銀行では初めてで、その考え方はＮＰＯバンクと非常に近い。未来バンクが誕生してから一四年遅れとなるが、こうしてＮＰＯバンク的な仕組みが既存金融機関にも導入されたことは、画期的な出来事と言えるだろう。

〔土谷和之〕

＊筆者がＡ ＳＥＥＤ ＪＡＰＡＮの会員誌『種まき』および日経ネットＢｉｚ－Ｐｌｕｓに寄稿した原稿をもとに、大幅に加筆修正を加えた。

2　NPOバンクの課題と全国NPOバンク連絡会

1　非営利・公益金融のための法制度をもとめて

従来、金融という事業は、巨大な規模と専門知識をもつ企業にしかできないと思われていた。そうしたなかで、普通の市民が非営利で、公益・共益のために始めたのがNPOバンクである。そこに大きく立ちふさがったのが、法律や制度による規制だ。とくに、二〇〇四年一二月に施行された証券取引法の改正、〇五年に始まった証券取引法から金融商品取引法への名称変更と改正、〇六年の貸金業法の改正は、NPOバンクの存続の危機をもたらした。

そこでNPOバンクの活動を存続させるために、法律の改正を金融庁に働きかけることにした。〇五年一月には、全国のNPOバンクを中心として、巨大銀行の融資問題に取り組んでいるNPO／NGO、市民事業の発展を支えようとするNPO、非営利・公益の事業を支援する弁護士、公認会計士、税理士などが加わって、「全国NPOバンク連絡会」(以下、「連絡会」と略す)を結成する。

連絡会の活動によって、金融商品取引法の改正では配当を行わない出資を適用除外とすることになり、貸金業法の改正においてもＮＰＯバンクに対する特例が設けられた。こうして存続の危機は回避したが、いずれの場合も特例を認めるという部分的な対応であり、すべての問題が解決したわけではない。

ただし、連絡会の活動によってＮＰＯバンクの内容は広く知られ、国内の非営利、公益・共益の市民事業にとって必要かつ役立つ存在としての認知につながった。その結果、最近では、全国各地でＮＰＯバンクを設立したいという声が上がるようになっている。

ＮＰＯバンクにとって最大の課題は、非営利・公益の金融事業を自由に効率的に行えるような法律と社会制度をつくりあげることだ。私たちはたび重なる法制度の変更とそれに対する働きかけのなかで、非営利・公益の金融事業を独立して認めさせる必要性を痛感した。そもそも非営利・公益の金融事業は、行動原理が営利企業とはまったく異なる。非営利向けの規制や育成のための法制度がなければ、後に続く人びとに道を示すこともむずかしい。

2　ＮＰＯバンクに関係する法制度の問題点

ＮＰＯバンクの活動に立ちふさがる法制度の問題には、二つの面がある。一つは営利目的の

図1　NPOバンクに対する規制

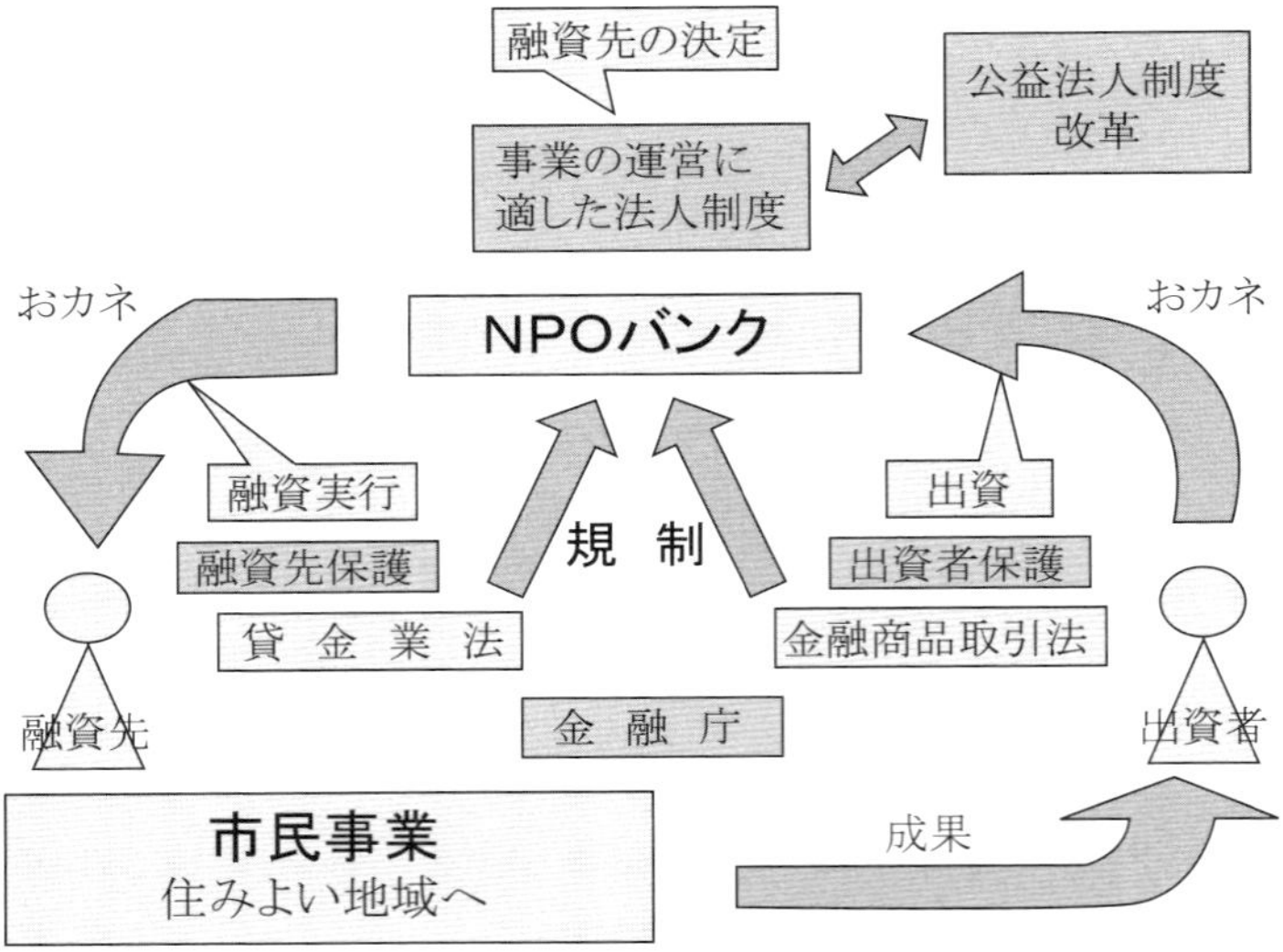

企業だけを想定してつくられている金融に関する現在の法制度であり、もう一つは公益・非営利法人に適した新たな法制度の創設である。現在の規制をNPOバンクの活動を支える業務の面からみると、出資・融資・法人格の三つに分かれる（図1）。

NPOバンクは図1のとおり、①地域の市民から出資金を集め、②どの事業に融資を行うかを決定し、③融資先に融資を実施する。融資先は、融資を受けた資金で地域に必要な市民事業を運営し、住みよい地域をつくり出す。地域住民である出資者は、自分の出資した金額に対するリターンを市民事業の成果によって受け取る。ところが、このNPOバンクの活動に対して、営利企業と同様の規制が、同一の基準でかけられている。第2章1とやや重なる部分があるが、ここでよりくわしく見ていこう。

出資に関する規制——金融商品取引法

出資の募集については、出資者保護の観点からの金融商品取引法の規制がある。

〇三年ごろから国は「貯蓄から投資へ」というスローガンを掲げた。そのもとで、預金利息が実質ゼロという状況と合わせて、普通の庶民、なかでも高齢者が、老後の生活のために退職金の有利な運用をめざして投資を行うようになっていく。

その一方で、高配当を謳って全国紙に広告を出して匿名組合への出資金を集めたものの、配当も返金もできずに多くの被害者を出す事件が発生した。それらのすべてが違法だったわけではない。しかし、たとえばインターネットで映画の制作・配給資金を集める映画ファンド、グラビアアイドルの雑誌の製作・販売への出資を募集するアイドルファンドなど、証券取引法が想定していた有価証券への投資では対応できない事態が起きたのである。

こうした事態を受けて、高齢者をはじめアマチュア投資家の保護の徹底を目的の一つとして、証券取引法から金融商品取引法への改正が金融審議会で進められた。従来は、「有価証券」「預金」「生命保険」など商品ごとのいわば「縦割り規制」となっていた。金融審議会の議論では、映画ファンドやアイドルファンドなどの「みなし有価証券（法的には民法上の組合や匿名組合への出資）を含め、金融商品を広く定義し、一般投資家への保護を統一的・横断的に実施すべきではないか、という方向に進んでいく。

これに対して連絡会では勉強会を行い、金融庁や金融審議会に「規制からの全面適用除外」を求めて働きかけた。その大きな理由は、「ＮＰＯバンクは営利企業と同一の規制に適合するための経費は捻出できず、活動を断念しなければならなくなる」点だ。改正法規制の根底には、「投資家保護の経費を負担するための利益も生み出せない企業は、金融商品を扱う事業者として認めるべきではない」という論理があるが、これは営利企業に対する論理である。非営利・公益の融資事業を地域ごとに分散して行おうとするＮＰＯバンクには、適用されるべきではない。

だが、証券取引法も、それに基づいて規制を担当する金融庁も、営利企業以外を規制の対象として想定した経験がない。連絡会が初めて金融庁と交渉を行なった際は、担当官にＮＰＯバンクがどのようなものであるのかを説明するところから始めなければならなかった。当初、胡《う》散《さん》臭そうにしていた担当官が、一時間ぐらい説明を聞くうちに「少なくとも、こいつらは悪いことをしようとしているわけではない」と理解するようになる。この反応は、担当官が代わるたびに繰り返された。

結局、金融商品取引法への改正においては、「利息や配当などの金銭的なリターンを行わない出資（いかなる形式でも出資した金額以上の金額が戻ってくることのない出資）は金融商品に当たらない」とされ、実質的に適用除外された。ＮＰＯバンクは「利息や配当を行わない」とすることで、適用除外となったのである。

改正された法律の本文には適用除外の規定が設けられ（法第二条二項五号ロ）、法律改正のための金融審議会の最終報告書に、ＮＰＯバンクの定義と適用除外とすべき理由が明記された。

しかし、金融商品取引法の改正は課題を残している。それは、適用除外を受けられるのは利息や配当を一切行わない場合だけであることだ。〇・五％でも一％でも利息・配当を支払う場合は規制を受け、第二種金融商品取引業者としての登録が必要となった。登録するためには、一〇〇〇万円以上の資本金または営業保証金の用意などが要求される。

これは、将来にわたって、ＮＰＯバンクが「出資者に対して金銭的なリターンを与えない」という事業形態だけでよいのかという問題につながる。はたして、金銭的なリターンによって資金を集めて公益的な市民事業に融資するという事業形態を規制してしまってよいのだろうか。

たとえば、匿名組合として出資を広く市民から集めて風力発電所を建設している自然エネルギー市民ファンドは、配当の支払いを前提とした募集を行なっているため、第二種金融商品取引業者として登録した。その経費を捻出するためには、事業規模と出資の募集総額を大きくせざるをえない。この規制が市民事業への制限になっていることは間違いない。

融資に対する規制――貸金業法

融資業務については、融資先保護の観点から貸金業法の規制がある。資金を貸し付ける融資事業は、元本保証の預金業務を行うかどうかによって、銀行（信用金庫や信用組合などを含む）とノンバンクに分けられている。日本の場合、銀行業務に対しては預金者保護の観点から非常に厳しい参入規制があり、市民側の参入は非常に困難である。たとえば女性・市民信用組合設立準備会（WCC）は、その名のとおり信用組合を設立しようとして九六年に活動を始めたが、十数年かかっても実現の可能性は見えてこない。

このため、NPOバンクは、やむを得ずノンバンクとして事業を行うことを選んだ。そして、ノンバンクに対する規制法である貸金業法に従い、貸金業者として事業を行なってきた。貸金業登録を行わないで業として資金の貸し付けを行えば、違法な闇金融業者と同様になってしまうからである。しかし、多重債務者を生み出したり、ひどい高利や取り立てを行なって社会的な問題を引き起こしているサラ金業者と同じ扱いを受けることに対しては、従来から不満をもっていた。

金融商品取引法への改正問題が終わり、出資募集に関する規制の適用除外が確定したころに、今度は貸金業法の改正問題が降って沸いてきた。目的はサラ金・クレジットによる多重債務者被害対策であり、改正案の中心は融資利率の最高限度の引き下げである。

ＮＰＯバンクの融資先に対する金利は二～三％で、改正案の争点となった金利二〇％の攻防とはほど遠い。だから、当初はＮＰＯバンクへの影響は皆無と考えていた。ところが、融資資金（資本）の小さい貸金業者は、融資規模（融資量）による十分な金利収入が得られないために高利の貸し付けを行うことになり、一件でも回収ができないと貸金業者自体の資金繰りがつかなくてつぶれてしまうので、違法・不当な取り立てを行うことになるという論理から、資金規模の小さい業者を排除する方針が打ち出される。その結果、貸金業者の登録要件として業者の保有する純財産の五〇〇〇万円への引き上げが、改正案に盛り込まれた。

ＮＰＯバンクを新しくつくろうとする際は市民に出資を呼びかけるが、そう簡単に多額の資金は集まらない。しかし、たとえ小額であっても、市民事業への融資が行われれば、その利用者をとおしてＮＰＯバンクの存在や必要性が伝わっていき、出資額の増加につながる。

したがって、小額の資金が集まった時点で貸金業登録ができて融資事業が始められなければ、いつまでたってもある程度の資金は集まらず、ＮＰＯバンクは業務を開始できなくなってしまう。市民事業への融資を始める前に五〇〇〇万円を集めるのは、実質的に無理だ。貸金業登録の純財産要件引き上げは、すでに年数を経て資金を十分集めている既存のＮＰＯバンク以外に新しいＮＰＯバンクが設立できないことを実質的に意味するのだ。

貸金業法においては、営利企業以外の融資の存在は認識されており、改正前から適用除外が明記されている。労働組合、財団法人、社団法人などが行う融資である。だから、NPOバンクの融資事業もこれらと同様に適用除外としてほしいというのが、連絡会の主張であった。連絡会は、折からノーベル平和賞を受賞してマスコミに多く報道されていたバングラデシュのグラミンバンクとNPOバンクの共通性をアピールして、「日本版グラミンバンクをつぶすな」というキャンペーンを行い、改正法案を審議する国会議員にも陳情した。この結果、NPOバンクが、グラミンバンクと同様に多重債務者対策の一つになるのではないか、という議論が国会内で起きた。

そして、改正案が審議される衆議院の財務金融委員会に、未来バンクの田中優代表が参考人として出席。「貸金業法の改正によってNPOバンクの存続を危うくしない方策をとること」が、附帯決議された。これを受けた内閣府令の改正で、NPOバンクなど一定の非営利・公益の事業者については、財産要件を従来どおりの五〇〇万円とする特例が設けられた。この特例は、主として公益目的または生活困窮者の支援の目的で、低利(年七・五%以下)で融資を行う非営利の法人(任意団体を含む)を対象としており、NPOバンクだけに適用することが想定されている。

こうして、新たにNPOバンクが設立できなくなるという事態だけは避けられた。だが、なお多くの課題が残っている。たとえば、営利企業の貸金業者と異なる特例が設けられたのは財産要件だけであり、社内規則の制定など事業者としてしっかりした内部体制をつくらなければならない。また、融資先の借入残高を融資前に確認して年収の三分の一を超える融資を行わないようにするために、指定信用情報機関への加入が強制される。

これらはNPOバンクにも一律に適用される規制である。とくに、信用情報の収集・提供を行う指定信用情報機関への強制加入は、会費や手数料の負担ができないという点で切実である。同時に、融資先の信用情報の提供が指定信用情報機関に保存されてしまうという問題は、第2章1に述べたとおりだ。これについては、金融庁担当者との間で協議を開始したばかりである。

このように、労働組合、財団法人、社団法人などと同様の法制度の全面適用除外を受けられなかった原因の一つは、NPOバンクの団体としての法律的な性格が曖昧なため、法律や政令に規定を設けられなかった点にある。NPOバンクは、民法上の組合契約(任意団体)をはじめ、多様な法制度をとっているが、それはNPOバンクに適した法人格が存在しないからである。この点が第三の課題につながっていく。

NPOバンクに適した法人格がない

NPOバンクは非営利を目的として、広く出資者を集めて融資事業を行い、融資先の選定や融資の可否を含め、事業運営を民主的に決定していく。そうした団体に適した法制度が必要だ。

NPOバンクは、出資者が事業運営の意思決定に参画できるという特徴をもつ。それは、銀行や郵貯では自分の預金が勝手に戦争や環境破壊に使われるという批判から、おカネの流れに責任をもちたいという運動として始まったことに理由がある。また、出資者は、元本保証はないにしても、必要になった場合には出資金を返還してもらえるから、出資できる。さらに、自分のおカネが有効に使われているかどうか意識することによって融資先の事業への関心が続く点に、お金を出したとたんに関心がなくなりがちの寄付との違いがある。

こうした点から、ＮＰＯバンクには、返還可能な出資が認められ、議決権が与えられる、非営利の法人格が必要と考えられる。返還可能な出資と議決権という条件は、株式会社が満たしている。しかし、日本の非営利・公益の法人制度には、こうした条件を満たす法人格は存在していない。公益法人の制度改革でも、取り上げられなかった。

それは、貸し付け以外で公益法人に提供された資金は、提供のあった時点で公のものとなるので、提供者個人が返金や資金提供を根拠にした権利を主張すべきではないという論理に基づくとも言われている。従来の財団法人、社団法人、公益法人改革によって許認可なしで自由に設立できるようになった財団・社団も、出資が認められていない(ＮＰＯ法人も同じ)。このため、介護保険事業などを実施する事業型ＮＰＯ法人では、事業を開始する際に必要な設備資金や運転資金の確保に困難を生じている。

こうした日本の非営利・公益の法人制度の特徴は、職業団体などの特定の関係者だけが集まってつくる団体か、少数のお金持ちが提供する財産に基づいて慈善的な事業を行う団体などに、非営利・公益の事業が限定されてきたためと考えられる。だが、ＮＰＯ法人の制度化に始まる新しい非営利・公益の市民事業では、従来と異なり、広く資金を募集して事業を行う必要が出てきた。

たとえば介護保険事業では、営利企業の株式会社とＮＰＯ法人が競合する場合がある。それは、営利企業だけが担っていた経済的な活動に市民事業が参入できる実力をつけてきたことを意味している。そうした市民事業をさらに大きくしていくためには、より大きな資金の募集が必要だ。しかし、ＮＰＯ法人が出資による資金募集を認められていないので、代わりに任意団体などのＮＰＯバンクが資金を集めて、ＮＰＯ法人に融資する形式をとらざるをえなかったという面もある。

そこで、まずＮＰＯバンクだけでも出資型の非営利法人格を認めさせるべきではないか、という意見が連絡会でも出ている。事業の目的を融資に限定した出資型の非営利法人という特殊な法人格は、金融商品取引法や貸金業法の規定による制度化が可能である。こうした法律改正の主張も検討すべき時期となっている。

〔加藤俊也〕

3　市民社会を切り開くＮＰＯバンクの可能性

「合理的な行動」と「ゆたかさ」

「市民」と一口に言っても、「労働により所得を稼ぐ」面を中心に見れば「労働者」であり、「消費を行うことにより生活を営む」面から見れば「消費者」である。また、金融資産の保有と運用を中心に見れば「貯蓄者」でもある。経済学的には、労働者も消費者も貯蓄者もそれぞれを別々に分析し、その行動を「合理的」に導き出す。ここで問題は「合理的」ということである。

①労働者は、理論的には、高い給料をくれるところで働く。
②消費者は、理論的には、安いモノを選ぶ。
③貯蓄者は、理論的には、リスクを考慮してリターンの高いところに資金を移動する。

以上はすべて「正しい」のであり、ほとんど定義のようなものだ。だが、賃金が低くても、働きたいと思う場合もあるだろう。高くても、買いたいモノはあるだろう。リターンがなくても、資金を拠出したいと考える事業もあるだろう。合理的でない行動を人間はするのであり、現実の社会とは、ほとんどの場合「合理的とはほど遠い」とも言える。したがって、既存の経済学で現実の社会行動のすべてを説明することは不可能だ。

そこに、一般の経済学とは違う生活経済学が成り立つ。ここでは「市民」や「家計」といわれている主体について「労働者」「消費者」「貯蓄者」として別々に捉えるのではなく、「生活者」という視点で経済現象を考えようとしている。(1)「効用の最大化」という損益計算によってのみ行動するのではなく、「理屈だけでなく、感情や習慣にも左右される普通の人間」として、人間を考える。この、「普通の人間」が究極的に求めるものは、おカネや物質的なモノというよりも、「ゆたかさ」であるだろう。

ある程度の金銭的・物質的な「ゆたかさ」がなければ、生活者としての幸福感を味わえないのは確かであり、一定水準の「金銭的・物質的なゆたかさ」は必要だ。とはいえ、日本のような先進国では、ある程度の「金銭的・物質的なゆたかさ」はすでにある。その場合には、「時間的にも、空間的にも、精神的にもゆたかである」ことを求め、むしろ積極的に「金銭的・物質的なゆたかさ」とは逆の行動をとることもありうる。

志のある人びとが活動できる制度に向けて

市民を「(経済学的な意味での)家計」としてではなく、「生活者」と捉えたとき、経済学的には説明できなくても当たり前にする行動もある(寄付だったり、ボランタリーな活動だったり)。このような行動は、必ずしも経済理論から導き出せるものではない。なぜなら、それは「経済的な効率性」からではなく、「ゆたかさ」を追求しようとする行動だからである。

このような行動は、強制されるものでもないし、「国がやればよい」と責任転嫁すべきものでもない。あくまでも「志のある人びと」が自発的に行う行動である。また、そうでなければうまくはいかない。

ところが、現在の社会は「金銭的・物質的なゆたかさ」を追求するためだけの経済システムになっている。ここに現代の社会システムにおける矛盾が生じる。いくら制度を変えても、生活者としての「ゆたかさ」を実現できなくなるのだ。「心ある生活者の存在」を認めた法制度にしなければ、いつまでたっても「時間的・空間的・精神的ゆたかさ」は実現できない。

たとえば貸金業法は、銀行などに比べて高い金利で貸し付けを行う営利的な貸金業者のみを対象としている。そのため、NPOバンクのように営利を目的とせず、低利でコミュニティや環境などに必要な事業への貸し付けを行う場合であっても、貸金業協会への登録や指定信用情報機関への報告・登録など、非常に負担がかかる手続きを要求する。

現実に貸し付けを行うのであれば、審査のためにさまざまな経費がかかり、事務所があれば家賃もかかる。貸し倒れ費用や人件費をゼロとしても、それ相当の金利を取らなければ事業は成り立たない。これらの経費を考慮したうえで金利を低利にしているにもかかわらず、登録料などを徴収されれば、結局、利用者の負担が増えることになる。そもそも「金銭的・物質的なゆたかさ」を求めていない事業にとって、金利負担は非常に大きく、そのために事業を断念しなければならない場合もありうる。

したがって、今後の日本においては、生活者の視点に立った制度設計を考えなければならない。とくに「志がある人びと」が、自由にその志を行動に移せるような法の整備が必要であろう。

なぜＮＰＯバンクが必要か？

市民が事業を実行するには、資金が必要である。たとえ「金銭的・物質的なゆたかさ」は必要でないとしても、資金がなければ事業を立ち上げられない。

一般の「利益の最大化を目的にしている企業」の場合には、配当されなかった利益は内部留保として次期以降の資本に組み込まれるから、貸し手（銀行などの金融機関）側の視点からいえば安心感が高い。なぜなら、経済情勢によって変化するとはいえ、利益は常にプラス方向への変化に最大の努力をしており、経営の舵は資本が増える方向に向けられているからである(2)。

他方、「利益の最大化」を必ずしも目的にしていない事業の場合、営利企業に比べて財務的な安定性という意味では劣っていると見られやすい。なぜなら、このような事業（以下、「社会的事業」と略す）の場合には、経営の舵が資本が増える方向に向けられるのではなく、別の目的、つまり「社会的なゆたかさ」に向いているからである。それゆえ、一般の銀行などからの借り入れは非常に困難となる。

だが、銀行からの借り入れがむずかしいからといって、営利の貸金業者から借りることは現実的でない。経済的付加価値を求めていない事業において、営利貸金業者が提示する金利に見合う事業利益を達成できる可能性はほとんどないからである。

このように、社会的事業を立ち上げて継続させるためには、それなりの資金手当てが必要だが、一般の金融機関からの調達もまた困難である。(3) それをカバーしているのが、米国や英国ではコミュニティ・ファンドであり、フランスでは民間非営利組織の貸金業であり、日本ではＮＰＯバンクである。つまり、資金提供事業の目的が、「金銭的・物質的なゆたかさ」ではなく「社会的なゆたかさ」に向いている主体でなければ、社会的事業への資金提供はむずかしい。

ＮＰＯバンクに求められる能力

とはいえ、社会的なゆたかさの実現という目的に「共感できる」というだけでは、ＮＰＯバンクは資金提供しない。組織として資金を提供する以上、ＮＰＯバンクへ資金を拠出した人びとに対する責任がある。

ＮＰＯバンクへの出資は銀行などへの預け入れとは違い、元本の安全性が保証されないうえに利子もない。それでもなお拠出するのは、自分たちの考える「社会的なゆたかさ」を実現させてほしいと願っているからだ。したがって、資金仲介業者として存在する以上、貸付先の財務状態や持続可能性についての審査や、その後のモニタリングを継続しなければならない。審査やモニタリングを行う能力がある組織だからこそ、市民からの信頼を得られるのだ。

それゆえ、ＮＰＯバンクにおいては「目利き能力」が問われる。この目利き能力とは、融資先事業の目的や返済可能性についてのチェック能力を指す。ある意味では、銀行などや営利の資金提供業者よりも高度な能力が必要かもしれない。社会的事業には資金が流れにくい地域・業種・主体が多いので、マニュアル化は困難である。そもそも営利を目的としない事業の場合には、資金返済計画も容易ではない。そのような事業へ貸し付けるのだから、高度な能力が必要となろう。

このようなチェック能力（目利き能力）は、貸し付けようと考えている社会的事業、共益事業、コミュニティの内容をよく知る者であれば、自ずと備わっていると考えられる。当然、貸し出しである以上、審査技術は大切である。だが、もっとも重要な目利き能力をもっていれば、十分にＮＰＯバンクとして活動する資格があるといえよう。逆にいえば、「社会的なゆたかさ」についてて共感していて、しかも、実際の活動に精通している人でなければ、ＮＰＯバンクとして活動するのは困難だろう。

ここで問題になるのがコンプライアンス（法令順守義務）である。とりわけ、「身内びいき」に陥らないことが重要となる。貸出資金は「拠出した市民のおカネ」であり、NPOバンクはこうした市民からの委託を受けて貸し出しを行う以上、中立・公正な視点で審査する必要がある。その点は常に肝に銘じなければならない。そうでなければ、社会的事業などを支え、実行していこうとする人びとの「共通の利益（目的）のための資金供給」というNPOバンクの意義がなくなってしまう。

また、貸し手の言動は借り手にとって非常に重いので、軽はずみな言動（アドバイスなどであっても）は避けなくてはならない。そのまま事業内容に影響を与える可能性があるので、常に責任ある言動と行動が要請されよう。

このような注意点があるにせよ、現実に社会的事業に携わっている人びとが、できるだけ多く、それぞれの能力をもって、NPOバンクを設立してほしい。

たとえ協同組織金融機関のような非営利の金融機関であっても、「金銭的・物質的なゆたかさ」を目的としない事業への貸し出しは困難である。NPOバンクが各地に広がっていくことで、「社会的なゆたかさ」が浸透し、生活者が「ゆたかさ」を感じられる社会になっていく。法的な整備や制度的な問題も多いとはいえ、市民の草の根からの活動が広がっていけば、自然に道は拓ける。多くの人びとがＮＰＯバンクの活動に参加してくれることに期待したい。

（1）生活経済学は「三つのパターン（「労働者」「消費者」「貯蓄者」）を有機的に接合し、ひとつの生物として総合的な分析を行う」（（　）内は筆者加筆）ことを目的としている（原司郎・酒井泰弘編『生活経済学入門』東洋経済新報社、一九九七年、九〜一〇ページ）。したがって、生活経済学においては「市民」を「生き生きとした生活者」と捉える

（2）拡大的な再生産を仮定すれば、内部留保として企業の内部に蓄えられる。他方、「すべて配当する」場合には「内部留保しない」という可能性もある。けれども、一定規模の生産またはサービス規模を「単に維持する」場合であっても、減価償却費などが必要になる。それを考慮すれば、内部留保が必要になる。営利企業の場合には、このような減価償却費も考慮した後の「利潤の最大化」をめざしている。したがって、「利潤の最大化」を目標にしていること自体が、配当による社外流出にかかわらず、経営規模の安定化を考慮しているといえる。

（3）この点に関して協同組織金融機関である労働金庫、農業協同組合、信用金庫などが貸し付けを行うことも考えられる。しかし、第4章3にあるように、預金取扱金融機関の場合には預金保護の問題があり、ＮＰＯなどへの貸し出しに対しては慎重にならざるをえないと考えられる。

【参考文献】

中小企業庁『二〇〇七年版中小企業白書』二〇〇七年。

前田拓生「地域経済のための金融」『高崎経済大学論集』第五〇巻一・二号合併号、二〇〇七年。

〔前田拓生〕

4　NPOバンクがめざす未来

全国NPOバンク連絡会は、金融商品取引法と貸金業法という二つの法改正による存続の危機をはね返すことには成功した。しかし、私たちの運動はここで終わりではない。まだ課題は残されている。

第一の課題は、営利企業と異なる非営利・公益の市民事業を発展させる金融組織に関する法の枠組みをつくらせることだ。実際、そうした市民事業の参入・存続のための法律の見直しは貸金業法改正に向けた国会の附帯決議に明記され、一定の認知を得ている。今後はNPOバンク側からは法的位置づけを含めた事業のグランドデザインを示すことが必要だ。時期としては附帯決議の期限までとなる。附帯決議では「法施行(二〇〇七年一二月一九日)後二年六月後以内に行われる見直しに当たり……必要な見直しを行う」とされているから、二〇一〇年六月を一つの目途として、この課題に取り組まなければならない。

一方で、今後各地に次々誕生するNPOバンクのすべてが、私たちと同様の志をもった非営利目的の組織とは限らない。拙速な設立をしたために資金が集まらない場合もあろうし、法的規制に詳しくないために法的に正しくない場合もあろう。もっと悪い場合には、詐欺的な意図をもってNPOバンクという枠組みを利用しようとすることもありうる。それに対して、全国NPOバンク連絡会として、自主的な業種団体的な規律をもつ必要もあるだろう。これを恐れずに実行していくことが求められている。

NPOバンクは、従来型の金融システムに対する批判から生まれた。いつの間にか社会全体に蔓延してしまった「拝金主義」を超えて、おカネに頼らずに生活できる仕組みを実現したい。そのために、おカネを手段として使うのだ。そこには二つの可能性があるように思う。

一つは、生活にかかわるニーズを非営利の枠組みから提供できる仕組みを増やしていく可能性だ。もう一つは、「Give and Take」の社会を無償の「Gift and Receive」の社会に切り替えていく可能性だ。

従来おカネがなければ供給されなかった生活物資を、互いの信頼関係から供給される仕組みに変えていく。たとえば、農作物に対する代価を先払いして農家に直接渡したとしよう。すると中間マージンが消え、農家は先払いを受け取るから、イニシャルコスト(初期投資費用)が得られる。農家の取り分を多くすることも可能になる。このとき、先払いの方法がおカネではなく、労力であったとしたら、どうなるだろう。おカネに頼らずに生活できる範囲は、それだけ広がるだろう。

また、省エネ製品や自然エネルギーを導入すれば、毎月の電気料金の負担が減らせる。これもまた、おカネに頼らない生活分野の拡大になる。雨水利用や省エネ住宅も同様だ。新たに生まれた天然住宅バンクでは、三〇〇年利用できる住宅をめざしている(四七ページ参照)。

これらはどれもおカネに頼らずにすむ生活圏の拡大につながり、いずれ生活がおカネから「離陸」できる。おカネが生活の一部にとどまるようになれば、おカネのために働くのではなく、おカネを利用して生活していくという正常な形に戻ることも可能になるだろう。

さらに、以前あったような人間関係を取り戻したい。いまの人間関係を的確に言い表しているのが「Give and Take」ではないだろうか。日本語で言うなら「やるから、よこせ」が、人間関係の形になっている。これは奇妙だ。

たとえば、私があなたの苦手な分野のお手伝いをし、あなたが私の苦手な分野のお手伝いをしてくれたとしよう。互いに、「あなたのために」という利他的な気持ちと感謝の気持ちで過ごせるかもしれない。労働の総量は変わっていないが、「Give and Take」の人間関係とは大きく異なっているだろう。この関係は「Gift and Receive」になっている。私があなたを喜ばせたくてする「Gift」を、あなたはそっと受け容れて「Receive」しているのだから。

この関係は、とくに珍しい話ではない。少し前までの日本社会では、多くの場面で与えるほうがへりくだり、受ける側が感謝しつつ受け容れていた。その状態に戻れば、まったく別な社会に変化していくだろう。だからといって、おカネがすべてなくなるとイメージしているわけではない。要はおカネは使うものであって、人びとが使われるためにあるのではないというだけのことだ。

自然エネルギーがそうであるように、おカネが地域分散化されていくなかで権力もまた分散化されていく。おカネが地域分散化されていけば、経済を地域化させられるはずだ。地域内に資金が残れば地域内経済は活性化し、雇用が促進され、被雇用者の生活物資の生産が必要になる。こうして地域の経済循環が回復する。ＮＰＯバンクは、そうした未来をイメージするのだ。

〔田中　優〕

〈資料2〉NPOバンクの年表

1960年		日本共助組合設立
1969年	8月	岩手県消費者信用生活協同組合設立
1994年	4月	未来バンク事業組合設立
1998年	8月	女性・市民信用組合(WCC)設立準備会設立
2002年	8月	北海道NPOバンク設立
2003年	6月	ap bank設立
	8月	NPO夢バンク設立
	9月	東京コミュニティパワーバンク設立
2004年	7月	第1回全国NPOバンクフォーラム開催(札幌)
2005年	1月	全国NPOバンク連絡会発足
	7月	新潟コミュニティ・バンク設立
	10月	コミュニティ・ユース・バンクmomo設立
	12月	第2回全国NPOバンクフォーラム開催(東京)
2006年	2月	いわてNPOバンク設立
	6月	金融商品取引法公布
	8月	グリーンコープ生協ふくおか、多重債務者支援事業開始
	12月	生活サポート生活協同組合・東京設立 貸金業法公布
2007年	1月	貸金業法施行(第1段階)
	9月	金融商品取引法施行(NPOバンク関係)
	12月	貸金業法施行(第2段階)
2008年	2月	第3回全国NPOバンクフォーラム開催(東京)
	7月	天然住宅バンク設立

【北海道】
■北海道 NPO バンク(2002 年 8 月 1 日)
　出資金額：4,900 万円／累計融資総額：1 億 8,377 万円
介護・福祉・環境保全を行なっている北海道内のNPOやワーカーズ・コレクティブを中心に、融資や経営支援を行い、道民による道民のための市民活動を支援するシステムをつくっている。

【岩手】
■いわて NPO バンク(2006 年 2 月 1 日)
　2008 年度事業開始に向けて準備中
コミュニティファイナンス事業をとおして地域活力の醸成を図る。地域活性化への取り組みを展開しながらも、活動資金に苦しむ市民活動団体に無担保・低金利で融資する機関として設立された。相談業務によって、起業したい人びとのベクトルを一つにすることも目的に掲げている。

【東京】
■未来バンク(1994年4月5日)
　出資金額：1億6,142万円／累計融資総額：7億3,700万円
太陽光パネルなどの環境グッズ購入資金の融資や環境に優しい事業を営んでいるNPOなどへの融資をとおして、自らの地域に貢献しようとする、個人及び企業の支援・育成を行なっている。

【東京】
■ap bank(2003年6月1日)
　出資金額：1億円／累計融資総額：2億846万円
アーティストの櫻井和寿、小林武史、坂本龍一の3人が、自らの資金を出し合い立ち上げたNPOバンク。現在は多くのアーティストの方々の協力によってイベントなどを行い、その収益を原資としている。既存のNPOバンクのなかではもっとも低い金利で融資を行なっている。自然エネルギー、省エネルギー、環境に関するさまざまなプロジェクトに融資することで、もっと暮らしやすい、居心地の良い社会づくりをめざす。

【東京】
■東京コミュニティパワーバンク(2003年9月1日)
　出資金額：9,285万円／累計融資総額：3,860万円
市民自身がおカネを出し合い(出資し)、自分たちの住む地域の福祉や環境保全といった社会的な事業に融資する。出資する側と融資を受ける側の双方が、“まちのつくり手”として地域社会に貢献できる、新しいおカネの流れをつくる。

【東京】
■天然住宅バンク(2008年7月1日)
出資金額：1,478万円／融資は準備中
国産の無垢の木材を使い、林産地の人たちが食べられる価格で買い取り、体に悪い素材を使わず、長持ちする家を建てる。そんな最高の住宅をプレハブ並みの価格で届ける非営利会社「天然住宅」の家に、さらに手が届きやすくなることをめざす。

ここにあげた9団体のほか、多重債務者の生活再生事業を行う生協(岩手県、東京都、福岡県)や、カトリック教会を中心とした日本共助組合も、広義のNPOバンクと考えている。

全国NPOバンクマップ

【新潟】
■新潟コミュニティ・バンク（2005年7月10日）
出資金額：640万円／融資は準備中
子どもの夢を育てる新潟の未来づくり（地域づくり、NPOなどのコミュニティビジネス）を資金面からサポート。志あるおカネが回ることで、地域の課題を解決し、持続可能な地域の活動を進め、失われたコミュニティの再生と震災からの復興への新たなコミュニティを生み出すことを目的としている。

【長野】
■NPO夢バンク（2003年8月1日）
出資金額：1,835万円／累計融資総額：8,419万円
自らの意思でさまざまな課題に取り組み、地域を豊かにしたいと活動する長野県内NPOの思いを実現するために、プロジェクトの立ち上げ資金や運営資金の融資、必要な人材の紹介、物資の提供など、総合的な支援バンクをめざしている。

【愛知】
■コミュニティ・ユース・バンク momo
（2005 年 10 月 23 日）
出資金額：1,645 万円
／累計融資総額：550 万円
地域に住む私たちのおカネを、少しでも私たちの暮らしに生かされる形で循環させたい。そんな思いのもと、豊かな未来を実感できる地域社会をつくる取り組みに融資を行なっている。その地域でこれからの時代を担っていく若者が融資の意思決定をするなど「若者中心」であることが最大の特徴。

【神奈川】
■女性・市民信用組合（WCC）設立準備会（1998 年 8 月 1 日）
出資金額：1 億 3,484 万円／累計融資総額：3 億 6,478 万円
自ら雇用を生み出し地域経済を循環させ、地域社会を豊かにする役割を担っている（神奈川県内の）NPO や、ワーカーズ・コレクティブに融資を行なっている。融資は、担保（土地や建物）をもっていない、地域での非営利事業を営む女性たちへ優先して行われており、融資、回収実績を積み上げながら、女性・市民信用組合（WCC）設立に向けての準備を進めている。

（注1）「累計融資総額」は設立以来の融資金額の累計。
（注2）名称後の（　）内は設立年月日。
（注3）出資金額・融資総額については2007年12月末現在。

【出資金額】1645万円
【累計融資総額】550万円
【融資】(2006年開始)
＊融資対象：組織の正会員(個人1万円以上、団体5万円以上の出資で会員資格を得る)で、愛知・岐阜・三重県内の個人・団体(法人形態を問わない)。
＊融資額：出資金額の10倍以下(ただし300万円以下)。つなぎ融資の場合は出資金額の40倍以下(ただし300万円以下)。
＊融資期間：3年間。
＊金利：2.5%。つなぎ融資は2.0%。
＊担保・保証：無担保。代表者1名を含む2名以上の連帯保証人。
【連絡先】〒460-0014　愛知県名古屋市中区富士見町9-16 有信ビル2F
TEL 052-331-5695　FAX 052-339-5651
info@momobank.net http://www.momobank.net

天然住宅バンク

【主体】
天然住宅バンク(民法組合；貸金業登録申請中)
代表理事：田中優
【設立】2008年7月1日
【融資開始】2009年(予定)
【出資金額】1478万円
【融資】
＊融資額：500万円以下(予定)
＊金利：2%(予定)
【連絡先】〒152-0031　東京都目黒区中根1-10-18　TEL 03-5726-4226
FAX 03-3725-5652
tennen.bank@gmail.com　http://tennenbank.seesaa.net/

代表理事：清水義晴

【設立】2005 年 7 月

【出資金額】640 万円

【融資】準備中

【連絡先】〒950–1148　新潟県新潟市中央区上沼 651–1 えにし屋内
TEL 025–284–8774　FAX 025–284–8733
niigatacb@enishiya.net　http : //www.tatunet.ddo.jp/ncb/

NPO 夢バンク

【主体】

NPO 法人 NPO 夢バンク（貸金業者；融資受付）　理事長：和田清成
NPO 夢バンク事業組合（出資受付）　理事長：高橋卓志

【設立】2003 年 8 月

【出資金額】1835 万円

【累計融資総額】8419 万円

【融資】（2004 年開始）

＊融資対象：長野県内に主たる事務所を置く非営利組織（法人格の有無を問わない）。

＊融資額：300 万円（立ち上げ資金は 100 万円）。

＊融資期間：3 年間。

＊金利：2％～3％。

＊担保・保証：無担保。代表者 1 名を含む 2 名の連帯保証人を基本とする。

【連絡先】〒380–0824　長野県長野市南石堂町 1255–7 長野県 NPO センター内　TEL 026–269–0015　FAX 026–269–0016
yume@npo-yumebank.org　http : //www.npo-yumebank.org/

コミュニティ・ユース・バンク momo

【主体】

コミュニティ・ユース・バンク momo（民法組合；貸金業登録）
代表理事：木村真樹

【設立】2005 年 10 月

を問わない)。
＊融資額：500 万円。
＊融資期間：10 年間。
＊金利：1% 固定。
＊担保・保証：無担保。個人の連帯保証人 2 名(法人・団体の場合は代表者を含む)。

【連絡先】東京都港区(住所非公開、ウェブサイトのフォームで問合せ)
http : //www.apbank.jp/

女性・市民信用組合(WCC)設立準備会

【主体】
女性・市民信用組合(WCC)設立準備会(任意団体；出資受付)
代表：向田映子
WCB(貸金業者；融資受付)　代表：向田映子
【設立】1998 年 8 月
【出資金額】1 億 3484 万円
【累計融資総額】3 億 6478 万円
【融資】(1998 年開始)
＊融資対象：神奈川県内で事業を行う NPO、ワーカーズ・コレクティブなど。
＊融資額：出資額の 20 倍以下(ただし 1000 万円以下)
＊融資期間：5 年間。
＊金利：2%～5%。
＊担保・保証：無担保。団体の場合は当該団体の理事会メンバーの保証。

【連絡先】〒231–0006　神奈川県横浜市中区南仲通 4–39　石橋ビル 5 F　TEL 045–651–2606　FAX 045–651–2616
wccsj@bank.email.ne.jp　http : //www.wccsj.com

新潟コミュニティ・バンク

【主体】
新潟コミュニティ・バンク(民法組合；貸金業登録)

【連絡先】〒132–0033　東京都江戸川区東小松川 3–35–13–204　市民共同事務所「市民ファーム」内　TEL 03–3654–9188　FAX 03–3654–9188
mirai_bank@yahoo.co.jp http : //www.geocities.jp/mirai_bank

東京コミュニティパワーバンク

【主体】
東京 CPB（貸金業者）　理事長：坪井眞里
【設立】2003 年 9 月
【出資金額】9285 万円
【累計融資総額】3860 万円
【融資】（2003 年開始）
＊融資対象：東京 CPB 会員（1 口 5 万円以上の出資により会員の資格を得る）。団体の場合は 3 口以上の出資が条件。
＊融資額：出資額の 10 倍以下（ただし 1000 万円以下）。
＊融資期間：つなぎ融資 1 年以内、通常融資 5 年以内。
＊金利：通常融資 2.5%。「ともだち融資団」の場合は通常融資より 0.5% 減。つなぎ融資は 1.5%。
＊担保・保証：無担保。2 名以上の連帯保証人。
【連絡先】〒160–0021　東京都新宿区歌舞伎町 2–19–13　ASK ビル 5 F　TEL 03–3200–9270　FAX 03–3207–1945
community–fund@r 2.dion.ne.jp http : //www.h 7.dion.ne.jp/~fund/

ap bank

【主体】
有限責任中間法人 AP バンク（貸金業者）　代表理事：小林武史
【設立】2003 年 6 月
【出資金額】1 億円
【累計融資総額】2 億 846 万円
【融資】（2004 年開始）
＊融資対象：市民が主体となって行う自然エネルギー、省エネルギー、環境をテーマとしたプロジェクト（個人および団体。法人格

未来舎(貸金業者；融資受付)　代表：田中優

【設立】1994 年 4 月

【出資金額】1 億 6142 万円

【累計融資総額】7 億 3700 万円

【融資】

①つなぎ融資(1994 年開始)

＊融資対象：未来バンク事業組合の組合員(1 万円以上出資することで組合員の資格を得る)。環境グッズの購入や市民事業、NPO、エコロジー住宅に融資。

＊融資額：出資額の 100 倍以下(詳細はウェブサイト参照)。

＊融資期間：1 年以内。

＊金利：3%。

＊担保・保証：無担保。連帯保証人必要。

②一般融資(1995 年開始)

＊融資対象：つなぎ融資に同じ。

＊融資額：出資額の 10 倍以下、かつ 300 万円以下。

＊融資期間：5 年以内。

＊金利：3%。

＊担保・保証：無担保。連帯保証人必要。

③特別担保提供融資(開始年 1998 年)

＊融資対象：つなぎ融資に同じ。ただし一般融資で対応するにはリスクが大きい場合。

＊融資額：担保提供された出資金の 10 分の 8 以下。

＊融資期間：5 年以内。

＊金利：1%。

＊担保・保証：債務者以外の組合員の出資金を担保。

④自己担保融資(開始年不詳)

＊融資対象：未来バンク事業組合の組合員。融資目的は問わない。

＊融資額：出資額の 10 分の 8 以下。

＊融資期間：5 年以内。

＊金利：1%。

＊担保・保証：自分の出資金を担保。

＊融資対象：設立準備中または設立して間もない NPO で、NPO バンク事業組合の組合員であり、推薦者による推薦状をもち、かつ事業目的に社会性があること。
＊融資額：出資額の 20 倍以下（ただし 200 万円以下）。
＊融資期間：2 年間の返済猶予後に返済開始。返済開始後 1 年以内に完済。
＊金利：2% 固定。
＊担保・保証：無担保・無保証。
④人づくりローン（人材育成資金ローン）（2007 年開始）
＊融資対象：所属団体が NPO バンク事業組合の組合員であり、北海道 NPO バンクとの融資契約の当事者となること。
＊融資額：出資額の 20 倍以下（ただし 50 万円以下）。
＊融資期間：1 年間の返済猶予後に返済開始。返済開始後 1 年以内に完済。
＊金利：2% 固定。
＊担保・保証：無担保・無保証。

【連絡先】〒060–0062　北海道札幌市中央区南 2 条西 10 丁目クワガタビル 2 F 北海道 NPO サポートセンター内　TEL 011–204–6523 FAX 011–261–6524
npobank@npo–hokkaido.org　http : //npobank.dosanko.org

いわて NPO バンク

【主体】
投資事業有限責任組合いわて NPO バンク（出資・融資受付）
代表：高井昭平
【設立】2006 年 2 月
【連絡先】〒020–8570　岩手県盛岡市内丸 11–2　岩手県公会堂　TEL 019–606–4610　info@iwate–npobank.org　http : //iwate–npobank.org/

未来バンク

【主体】
未来バンク事業組合（民法組合；出資受付）　理事長：田中優

〈資料 1〉全国のおもな NPO バンクの概要

＊累計融資総額は 2007 年 12 月末現在

北海道 NPO バンク

【主体】

NPO 法人北海道 NPO バンク（NPO への融資・寄付受付）

理事長：杉岡直人

NPO バンク事業組合（市民からの出資受付）　理事長：高木晴光

【設立】2002 年 8 月

【出資金額】4900 万円

【累計融資総額】1 億 8377 万円

【融資】

①一般融資（2002 年開始）

＊融資対象：NPO バンク事業組合の組合員かつ、事業目的に社会性がある北海道内の NPO またはワーカーズ・コレクティブ（NPO バンク事業組合に 1 万円以上出資すると組合員の資格を得る）。

＊融資額：出資額の 20 倍以下（ただし 200 万円以下）。2 期以上の事業実績がある場合は出資額の 100 倍以下（ただし 200 万円以下）。

＊融資期間：1 カ月単位で 1 年間（1 年間の延長可）。

＊金利：2% 固定。

＊担保・保証：無担保。代表者の個人保証および連帯保証人 1 名。

② 3 カ月ローン（短期小口現金ローン）（2005 年開始）

＊融資対象：過去 2 年以内に北海道 NPO バンクから一般融資を受け、直近の融資で遅延なく、かつ申し込み時の返済計画どおりに完済している実績がある団体で、3 カ月ローン利用権を取得していること（3 カ月ローン利用権の取得には申し込み必要）。

＊融資額：10 万円以上 50 万円以下。

＊融資期間：1 カ月単位で 3 カ月間。

＊金利：5% 固定。

＊担保・保証：無担保・無保証。

③出世払いローン（支払猶予型ローン）（2007 年開始）

あとがき――ギフト・アンド・レシーブの関係へ

私は未来バンクの設立者の一人であり、ａｐ ｂａｎｋ設立のアドバイスをし、いまは天然住宅バンク代表として設立に努力している。そうした経験のなかでも、小林武史さんや櫻井和寿さんたちといっしょにａｐ ｂａｎｋを設立したときには、格別の感動があった。超メジャーな人たちと仕事できる誇らしさもあったが、それ以上に感動したのは彼らのひたむきさと誠実さだ。その感触は五年経ったいまも変わらない。ともすれば浮かれかねない立場にいて、彼らは確実にその足を地面に着けようとしている。彼らは音楽を除けば、どこにでもいる普通の人間の一人として着実に生きようとしていた。

ａｐ ｂａｎｋが融資した「えこふぁーむ」という会社が鹿児島県にある。もともと産業廃棄物の処理業をやっていて、あるとき捨てられている給食の残飯をとてももったいないと感じた。「昔はどうしていたっけ」と問うなかで、残飯で養豚していたことを思い出す。しかし、豚を建物の中に閉じ込めて飼うのはイヤだったので、杉を伐採した後の森に飼おうと考えた。伐採跡地を豚が駆け巡って耕し、人間はその肉をいただき、地域の子どもたちに手伝ってもらって植林する。豚は耕耘機の代わりになり、森には植林される前の植生がよみがえる。

テレビの取材依頼があったときに、櫻井さんはそこに行くことを強く主張したそうだ。鹿児島空港から車で二時間、決して簡単に行ける場所ではない。現地で白衣に着替え、櫻井さんは子豚を抱き上げて運んだ。えこふぁーむの社員たちは、すっかり櫻井さんに惚れてしまった。「なかなかたいした若者だ」と。いや、そもそも単なる若者ではないのだが。

えこふぁーむは融資をきっかけにして、森の豚のブランド化に成功した。それは九州での事業の成功モデルとなり、いまは「地産地消のレストランホテル」も開設した。こうした活動を支援してきたのは、ａｐ ｂａｎｋとしても誇れる実績だろう。こんな事業が次々と生まれるような社会をつくりたいと思う。私たちが「おカネに使われる」のではなく、私たち自身が主人となって「おカネをこき使う」ようになれば、きっと新たな人間関係が生まれるのではないか。私たちＮＰＯバンクは、融資を上から与えているつもりはない。横並びの関係のなかで、いわば「ギフト・アンド・レシーブ」の関係をこの社会に実現したいのだ。

この本は、全国ＮＰＯバンク連絡会の皆さんの協力によって成しとげられた。出版時期は当初の予定からだいぶ遅れてしまったが、この場を借りて感謝したい。また、細部にわたって内容のチェックをし、最後まで根気よく支えていただいたコモンズの大江さんに、感謝申し上げたい。

二〇〇八年一〇月

田中　優

〈著者紹介〉

水谷衣里(みずたに・えり)
1981年生まれ。三菱UFJリサーチ&コンサルティング株式会社研究員。共著=『変貌する自治の現場』(ぎょうせい、2006年)、『ボランティア白書2007 社会をかえる営みの価値』(日本青年奉仕協会、2007年)。

向田映子(むかいだ・えいこ)
1946年生まれ。女性・市民信用組合設立準備会代表。

杉岡直人(すぎおか・なおと)
1949年生まれ。北星学園大学教授。共著=『講座社会学3 村落と地域』(東京大学出版会、2007年)、主論文=「社会福祉と地方分権のゆくえ」(『社会福祉研究』102号、2008年)。

坪井眞里(つぼい・まり)
1952年生まれ。東京コミュニティパワーバンク理事長。

和田清成(わだ・きよしげ)
1939年生まれ。NPO法人NPO夢バンク理事長。

横沢善夫(よこさわ・よしお)
1950年生まれ。生活サポート生活協同組合・東京常務理事、有限責任中間法人生活サポート基金専務理事。主論文=「協同組織金融の新たなモデルとして注目される信用生協」(『週刊金融財政事情』2002年10月7日号)、「改正貸金業法と生協における多重債務者支援事業」(『市民政策』2007年2月号)。

小関隆志(こせき・たかし)
1971年生まれ。明治大学経営学部准教授。共著=『イギリス非営利セクターの挑戦』(ミネルヴァ書房、2007年)、『格差社会への視座』(法律文化社、2007年)。

前田拓生(まえだ・たくお)
1963年生まれ。茨城大学非常勤講師、非営利中間法人天然住宅・エグゼクティブアドバイザー。主著=『銀行システムの仕組みと理論』(大学教育出版、2008年)、主論文=「地域経済のための金融」(『高崎経済大学論集』第50巻第1・2合併号、2007年)。

土谷和之(つちや・かずゆき)
1977年生まれ。A SEED JAPAN理事、まちづくり情報センターかながわ理事。共著=『おカネで世界を変える30の方法』(合同出版、2007年)。

加藤俊也(かとう・としや)
1952年生まれ。公認会計士、税理士、NPO会計税務専門家ネットワーク専務理事。

〈編著者紹介〉

田中　優（たなか・ゆう）

1957年生まれ。

未来バンク事業組合理事長、天然住宅バンク代表理事、立教大学大学院・和光大学・大東文化大学非常勤講師。

主著＝『環境破壊のメカニズム』(北斗出版、1997年)、『戦争をやめさせ環境破壊をくいとめる新しい社会のつくり方』(合同出版、2005年)、『戦争って、環境問題と関係ないと思ってた』(岩波書店、2006年)、『地球温暖化／人類滅亡のシナリオは回避できるか』(扶桑社、2007年)、『おカネで世界を変える30の方法』(共編著、合同出版、2007年)、『幸せを届けるボランティア　不幸を招くボランティア』（河出書房新社、2010年）、『原発に頼らない社会へ』（武田ランダムハウスジャパン、2011年）。

おカネが変われば世界が変わる

二〇〇八年一一月一五日　初版発行
二〇一一年　五　月二五日　二刷発行

編　者　田中　優
編集協力　全国NPOバンク連絡会

発行者　大江正章
発行所　コモンズ
東京都新宿区下落合一-五-一〇-一〇〇二
TEL〇三（五三八六）六九七二
FAX〇三（五三八六）六九四五
振替　〇〇一一〇-五-四〇〇一二〇
info@commonsonline.co.jp
http://www.commonsonline.co.jp/

印刷／東京創文社・製本／東京美術紙工
乱丁・落丁はお取り替えいたします。
ISBN 978-4-86187-053-8　C 0033

＊好評の既刊書

脱成長の道 分かち合いの社会を創る
●勝俣誠／マルク・アンベール編著　本体１９００円＋税

徹底解剖１００円ショップ
●アジア太平洋資料センター編　本体１６００円＋税

地球買いモノ白書
●どこからどこへ研究会　本体１３００円＋税

安ければ、それでいいのか⁉
●山下惣一編著　本体１５００円＋税

儲かれば、それでいいのか グローバリズムの本質と地域の力
●本山美彦・山下惣一ほか　本体１５００円＋税

バイオ燃料 畑でつくるエネルギー
●天笠啓祐　本体１６００円＋税

ケータイの裏側
●吉田里織・石川一喜ほか　本体１７００円＋税

利潤か人間か グローバル化の実態と新しい社会運動
●北沢洋子　本体２０００円＋税

目覚めたら、戦争。 過去《いま》を忘れないための現在《かこ》
●鈴木耕　本体１６００円＋税